KB158811

일반인을 위한

IT 기초 상식

일반인을 위한 IT 기초 상식

1판 1쇄 인쇄 2024년 01월 22일
1판 1쇄 발행 2024년 01월 26일
글 · 그림 유채곤
발 행 인 이범만
발 행 처 **21세기사** (제406-2004-00015호)
경기도 파주시 산남로 72-16 (10882)
Tel. 031-942-7861   Fax. 031-942-7864
E-mail : 21cbook@naver.com
Home-page : www.21cbook.co.kr
ISBN 979-11-6833-097-9

정가 23,000원

일반인을 위한

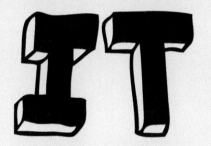

IT 기초 상식

글·그림 유채곤

21세기사

　컴퓨터의 대중화를 넘어 스마트폰의 대중화 시대가 된 지도 십여 년을 훌쩍 넘어섰습니다. 현대 생활에는 IT 기기가 넘쳐나고 있으며, 많은 사람들이 IT 기기 사용에 능합니다. 한편, 각종 IT 기기의 최소 기능 정도만 이용할 뿐, 컴퓨터, 스마트폰, 인터넷 등과 관련된 중요한 기초 지식이 부족한 상태로 IT 시대를 살아가는 경우도 많습니다.

　IT 기초 지식이 없더라도 어느 정도 IT 기기의 사용은 가능하지만, 기기 활용도가 낮아지고 기기 고장에 대한 대처도 어렵게 됩니다. 더욱이 해킹, 바이러스, 보안 사항에 대한 이해가 부족할 경우 IT 기기 사용 시 여러 위험에 노출되기도 합니다.

　본서에서는 4차 산업혁명 시대를 살아가는 데 필요한 다양한 IT 상식을 누구나 알기 쉬운 언어로 설명합니다. 컴퓨터, 인터넷, 미디어, 네트워크 등에 대한 IT 상식은 개인적인 영역은 물론 업무 영역에서도 중요하게 활용될 수 있을 것입니다.

이와 함께 최근에 급부상하고 있는 ChatGPT와 같은 인공지능 챗봇, 번역 등의 기능을 제공하는 인공지능 서비스의 특징에 대해서도 알아봅니다.

모쪼록 본서를 통해 컴퓨터 전문가가 아닌 일반인들이 IT 시대를 살아가는 데 유용한 IT 기본 상식을 쉽게 습득할 수 있는 기회가 되기를 희망합니다.

2024년 1월

저자 유채곤

CONTENTS

01

컴퓨터 내부 탐험

왜 컴퓨터를 PC라고 부를까?

컴퓨터를 부를 때 흔히 PC라는 말을 사용하곤 합니다. 책상 위에 올려놓고 사용하는 박스 형태의 컴퓨터도 PC라고 부르고, 휴대하고 다니는 노트북 컴퓨터도 PC라고 부르는 경우가 많습니다. PC는 Personal Computer(개인용 컴퓨터)의 약자입니다. 그냥 컴퓨터라고 부르면 될 것을 왜 굳이 개인용 컴퓨터라고 부를까요?

초창기의 개인용 컴퓨터(PC)

조금 오래전의 이야기이지만 1980년대 이전에는 개인적인 용도로 컴퓨터를 사용하는 경우는 극히 드물었습니다. 보통 은행과 같은 큰 기관에서만 대형 크기의 컴퓨터를 사용했었습니다. 그런 큰 컴퓨터들은 보통 메인 프레임이라고 불렀습니다. 1980년대 초반을 시작으로 IBM PC등의 개인용 컴퓨터들이 출현하기 시작하였습니다. 이 컴퓨터들은 개인이 소유하여 사용하는 개념이었기 때문에, 그 이전의 컴퓨터들과 구분하여 개인용 컴퓨터를 의미하는 PC로 불린 것입니다.

사실 오늘날 웬만한 컴퓨터는 모두 개인이 소유하여 사용하고 있으므로 굳이 PC라고 부를 이유는 사라졌지만, 예전에 사용되던 언어의 습관에 따라 여전히 PC는 컴퓨터를 의미하는 명칭으로서 사용되고 있는 것입니다.

컴퓨터 내부에는 어떤 중요 부품들이 있을까?

컴퓨터에 대해 전문적이지 않은 일반인들의 경우에는 내부의 부품에 대해서까지 자세하게 이해하면서 컴퓨터를 사용할 필요는 없을 수도 있습니다. 하지만 컴퓨터의 내부 구성을 잘 이해하게 되면 다음과 같은 이점을 얻을 수 있습니다.

- 컴퓨터를 구매할 때 나의 용도에 가장 적합한 모델을 선택할 수 있다.
- 컴퓨터가 오작동하더라도 문제해결이 쉬워진다.
- 컴퓨터를 가장 효율적으로 동작시킬 수 있다.
- 각종 고장 요인을 사전에 방지할 수 있다.
- 컴퓨터를 업그레이드할 때 자신에게 꼭 필요한 선택을 할 수 있다.

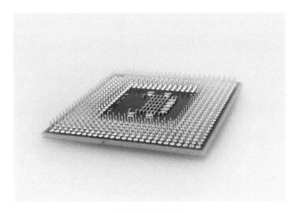

CPU 칩 내부의 모습

이런 장점들을 얻기 위하여 전문적인 수준까지 이해할 필요는 없습니다. 어떤 부품이 중요 부품이고, 그 기능은 무엇인지 정도만 간단하게 이해하는 정도로 충분합니다. 컴퓨터 내부의 많은 부품 중 다음 4개는 컴퓨터의 동작에 중요한 역할을 합니다.

- **CPU(중앙처리장치):** 컴퓨터의 두뇌 역할을 한다.

- **주기억장치(메모리, 램으로도 불림)**: 우리 뇌의 잠깐 기억하는 영역에 해당한다.
- **보조기억장치(하드디스크, SSD 등)**: 우리 뇌의 장기 기억 부분 혹은 기록용 노트에 해당한다.
- **그래픽카드**: 출력할 화면을 모니터로 보내주는 역할을 한다.

메모리, 램, 주기억장치는 같은 말인가?

앞 절에서 살펴본 중요 부품 중 주기억장치가 있었습니다. 주기억장치를 우리 뇌에 비유하면 어떤 계산을 위해 잠깐 기억해두는 부분에 해당합니다. 예를 들어 123 + 321을 암산으로 계산할 때 계산할 내용과 그 해답을 머릿속에 잠깐 담아두는 부분이라고 생각할 수 있습니다.

이런 주기억장치를 메모리라고도 부릅니다. 그리고 메모리를 램이라고도 부릅니다. 램은 RAM(Random Access Memory)를 의미하는데, 메모리의 내부 동작 특성 중의 하나입니다. 일반적인 컴퓨터에서 사용하는 메모리는 램 방식으로 동작합니다. 그래서 메모리를 더 편하게 램이라고도 부르고 있습니다.

램(RAM)의 모습

    메모리의 특징은 매우 빠르고 하드디스크와 같은 보조기억장치보다 비싸다는 점입니다. 이 글을 쓰는 시점을 기준으로 보통 8GB에서 16GB 정도 크기의 메모리를 개인용 컴퓨터에서 사용하고 있습니다. GB 단위에 대해서는 차후에 설명됩니다. 메모리의 또 다른 특징은 전원이 꺼지면 메모리에 있던 데이터는 모두 사라진다는 점입니다. 예를 들어 여러분이 워드 프로세서로 문서를 작성하고 있다면 그 자료는 메모리 내에 계속 저장되고 있는 것입니다. 이때 하드디스크에 저장하지 않은 채 컴퓨터 전원을 끈다면 작업하고 있던 자료는 사라지게 됩니다. 그 자료들은 메모리에만 존재하고 있었기 때문입니다.

PC 내에 있는 보조기억장치는?

우리가 사용하는 컴퓨터 속에는 하드디스크라고 부르는 부품이 들어있습니다. 요즘에는 속도가 더 빠른 SSD라는 저장 장치를 더 많이 사용하는 추세이기도 합니다. 이런 하드디스크나 SSD는 모두 보조기억장치입니다. 보조기억장치라는 용어는 일상적으로는 잘 사용하지는 않아서 낯설게 느껴질 수도 있습니다.

보조기억장치는 우리 뇌에 비유하면 장기 기억 영역에 해당합니다. 혹은 우리 일상에서 어떤 기록을 해두는 수첩이나 노트에도 비유할 수 있습니다. 보조기억장치는 전원을 꺼도 자료가 사라지지 않기 때문입니다. 보조기억장치는 앞에서 살펴본 메모리(주기억장치)에 비해서 속도는 느리지만, 가격이 저렴하고 전원이 꺼져도 기록된 자료가 유지되기 때문에 컴퓨터에 없어서는 안 되는 중요한 부품입니다.

노트북용 하드디스크의 모습

이 글을 쓰고 있는 시점을 기준으로 하드디스크나 SSD는 보통 256GB, 512GB, 1TB 정도의 용량이 주로 사용되고 있습니다.

왜 하드디스크 드라이브 명칭은 C:로 시작할까?

일상에서 흔히 사용하는 윈도우 운영체제의 파일 탐색기를 실행해보면 하드디스크에 C:라는 드라이브 명칭이 배정된 것을 볼 수 있습니다. 무심코 사용할 때는 잘 의식이 되지 않을 수도 있지만, A:도 아니고, B:도 아니고 왜 굳이 C:와 같이 어중간한 문자로 하드디스크를 지칭할까요?

이에 대한 이유 역시 컴퓨터가 발전해온 역사와 관련이 있습니다. 개인용 컴퓨터가 처음 등장하던 1980년대에는 저장장치가 매우 열악했습니다. 자성체를 입힌 얇은 플라스틱 원반을 납작한 플라스틱 커버 속에 넣은 플로피디스크라는 것을 저장장치로 사용했었습니다. 물론 저장용량은 현재와는 비교할 수도 없이 적었습니다. 얇은 플라스틱이 하늘하늘 흔들려서 이름도 플로피디스크(Floppy Disk)였습니다. 이 플로피디스크를 삽입하여 사용하는 드라이브의 명칭이 A: 드라이브였습니다.

그 후 세월이 흘러서 조금 더 작아지고 저장 용량은 늘어난 형태의 플로피디스크가 등장했습니다. 이 형태의 플로피디스크를 삽입하던 드라이브의 명칭이 B: 드라이브였습니다.

플로피디스크의 모습

조금 더 시간이 지나 현재와 같이 딱딱한 금속 원반으로 만들어진 디스크가 사용되는 하드디스크가 나타났고, 이를 위한 드라이브 명칭은 당연히 B:의 다음인 C: 드라이브였던 것입니다. 이 시점 이후로 계속 하드디스크를 가리키는 드라이브 명칭은 C:로 사용해오고 있습니다.

그럼 과거에 사용하던 플로피디스크를 사용하지 않으니 하드디스크의 드라이브 명칭을 A:로 사용하면 더 편하지 않을까요? 물론 기술적으로 그렇게 만들 수도 있습니다. 그러나 습관적인 면도 있고, 일부 국가에서는 아직도 플로피디스크를 사용하고 있기도 하므로 A:나 B: 드라이브 명칭이 필요하기도 합니다. 그래서 하드디스크는 기본적으로 C: 드라이브라는 명칭으로 사용되고 있습니다.

소프트웨어는 PC 내부의 어느 부품에 설치되는 것일까?

컴퓨터를 새로 구매한 후에는 여러 소프트웨어를 설치하게 됩니다. 물론 기존에 사용하고 있던 컴퓨터에도 소프트웨어를 추가로 설치할 수 있습니다. 소프트웨어를 설치하면 앞에서 살펴본 부품 중 어느 것에 설치되는 것일까요?

CPU는 계산 처리 장치이니 이곳에 소프트웨어가 설치되지는 않습니다. 메모리는 계산을 위해 잠깐 사용하는 고속의 임시 저장 장치이니 이곳에도 소프트웨어는 설치되지 않습니다. 하드디스크는 장기 기억 장치이고 전원을 끄더라도 데이터가 사라지지 않습니다. 그래서 소프트웨어를 설치한다는 것은 소프트웨어가 하드디스크로 복사된다는 것을 의미합니다.

하드디스크의 용량이 클수록 더 많은 소프트웨어를 설치할 수 있습니다. 그렇지만 일반적인 소프트웨어의 용량은 그리 크지는 않습니다. 256GB 정도 이상의 하드디스크 정도면 용량이 부족해서 소프트웨어가 설치되지 않는 일은 거의 발생하지 않습니다. 단, 영상 편집과 같이 처리할 비디오의 용량이 큰 경우에는 당연히 이를 위한 추가적인 하드디스크 공간이 필요하게 됩니다.

소프트웨어를 실행하면 PC 내부에 어떤 일이 생길까?

소프트웨어는 하드디스크(혹은 SSD)에 설치됩니다. 소프트웨어를 실행한다는 것은 컴퓨터의 두뇌에 해당하는 CPU에 의해서 소프트웨어가 처리된다는 것을 의미합니다. 그런데 CPU는 기본적으로 소프트웨어를 한 명령어씩 가지고 와서 처리합니다. 하드디스크나 SSD는 상대적으로 느리기 때문에 CPU가 매번 한 명령어씩 가져오려면 실행속도가 매우 느려집니다.

소프트웨어를 실행하면 하드디스크에 설치된 소프트웨어를 메모리(램)으로 복사를 합니다. 이 과정을 '로딩'이라고 부릅니다. 속도가 빠른 메모리로 로딩된 소프트웨어를 CPU는 기본적으로 한 명령어씩 가지고 와서 처리합니다. 메모리는 하드디스크에 비해서 매우 빠르니 실행속도도 빨라집니다.

소프트웨어를 실행한다는 것은 한 마디로 하드디스크에 설치된 소프트웨어를 메모리로 올리고, 그 올려진 소프트웨어를 CPU가 한 명령어씩 가지고 와서 처리하는 동작을 의미합니다. 모델에 따라 차이는 있지만 CPU가 한 명령어씩 가지고 와서 처리하는 동작은 1초에도 수억 번 이상씩 수행됩니다. 최근에는 CPU 기술이발전하여 한 번에 여러 개의 명령을 처리하기도 합니다.

CPU 성능이 높으면 반드시 좋기만 할까?

컴퓨터를 구입할 때 가장 먼저 확인하는 것이 무엇인가요? 컴퓨터의 속도를 좌우하는 CPU겠죠. CPU는 자동차의 엔진과도 같습니다. CPU의 성능이 높으면 컴퓨터는 당연히 빨라집니다. 현재 글을 쓰고 있는 시점에 컴퓨터의 CPU는 인텔사의 제품을 기준으로 i3, i5, i7, i9 등과 같은 CPU 모델들이 존재합니다. 숫자가 높을수록 성능이 높아지고 가격도 비싸집니다. 각 모델 내에서도 몇 세대인지 세분화하여 구분되기도 합니다.

그렇다면 컴퓨터를 구입할 때 높은 성능의 CPU를 가진 것을 구입하는 것이 가장 좋은 방법일까요? 고성능의 CPU는 빠르다는 장점이 있지만 다음과 같은 단점도 가지고 있습니다.

- 많은 전기가 필요하므로 배터리 소모가 크다.
- 열이 많이 발생한다.
- 비싸다.

배터리 소모가 커서 노트북의 배터리 사용 시간이 짧아진다는 점은 실외에서 컴퓨터를 사용할 때는 큰 단점이 됩니다. 실내에서 사용하는 데스크톱 컴퓨터의 경우에도 더 용량이 높은 전원공급장치(파워서플라이)를 설치해야 하므로 비용도 올라가고 부피도 커집니

다. 열이 많이 발생하므로 큰 쿨러와 같이 더 복잡한 냉각 장치를 필
요로 하고, 컴퓨터 사용 공간의 온도도 올라가는 단점이 생깁니다.
그러므로 무조건 높은 성능의 컴퓨터를 선택하는 것보다는 자신의
필요에 적합한 성능의 컴퓨터를 구입하는 것이 효율적인 방법일 것
입니다.

CPU 냉각장치의 모습

메모리 용량이 크면 컴퓨터의 속도가 빨라질까?

앞에서 메모리의 장점은 빠른 속도라고 설명했습니다. 그렇다면 메모리의 용량이 늘어나면 컴퓨터의 속도는 빨라질까요? 꼭 그렇지는 않습니다. 예를 들어 컴퓨터에 8GB의 메모리가 설치되어 있다고 가정을 해봅니다. 이 컴퓨터에서 간단한 문서작업이나 인터넷 서핑 정도만 한다면 8GB 메모리 용량의 반도 쓰지 않을 가능성이 높습니다. 이런 경우에는 8GB 용량의 메모리를 16GB로 늘인다고 하더라도 컴퓨터의 속도 변화는 없습니다.

한편, 큰 용량의 비디오 편집을 주로 하거나 매우 많은 수의 소프트웨어를 한꺼번에 실행시키고 작업을 하는 경우라면 8GB의 메모리가 부족할 수 있습니다. 이때는 운영체제가 하드디스크의 일부를 메모리와 같이 흉내내어 사용하기 때문에 컴퓨터가 매우 느려지므로 메모리의 용량을 높이는 것이 유리합니다. 결론은 자신의 용도에 적절한 용량의 메모리 사용하면 된다는 것입니다. 사용하지도 않는 용량의 메모리는 아무리 많아도 컴퓨터의 속도와는 무관합니다.

운영체제란 무엇일까?

지금까지 컴퓨터 내부를 탐험하며 주요 부품들과 그 역할에 대해 알아보았습니다. 이런 다양한 부품은 금속이나 반도체로 만들어진 하드웨어일 뿐입니다. 하드웨어들만을 모아놓은 철제 통만으로는 수행할 수 있는 일이 아무것도 없습니다. 그래서 이 하드웨어들을 서로 연결하여 작동 하도록 하고 사용자의 명령을 처리하는 소프트웨어가 필요해 집니다. 그 소프트웨어가 운영체제입니다.

컴퓨터의 전원을 넣으면 운영체제 소프트웨어가 자동으로 실행됩니다. 그 후 운영체제는 하드웨어도 관리하고, 사용자의 명령도 처리하고, 다른 소프트웨어들의 동작도 관리하는 작업을 컴퓨터가 종료될 때까지 수행하게 됩니다.

우리 주위에는 어떤 운영체제들이 있을까?

우리가 PC라고 부르는 컴퓨터에는 보통 마이크로소프트사의 '윈도우' 운영체제가 설치되어 있습니다. 윈도우 운영체제도 계속 발전하며 여러 가지 버전들이 만들어져 왔는데, 이 글을 쓰고 있는 시점에서는 '윈도우 10'과 '윈도우 11'이 일반적으로 사용되고 있습니다.

컴퓨터에 윈도우 이외의 운영체제를 설치해서 사용할 수도 있습니다. 예를 들면 '리눅스'라는 운영체제도 있습니다. 리눅스 운영체제를 컴퓨터에 설치한 후 컴퓨터를 시작하면 리눅스 방식의 화면 메뉴와 소프트웨어가 나타납니다. 윈도우에서 사용하던 소프트웨어는 리눅스에서 사용할 수가 없습니다. 반대로 리눅스에서 제공되는 소프트웨어는 윈도우에서는 사용이 불가능합니다. 동작 환경이 다르기 때문입니다. 참고로 리눅스 운영체제는 대부분 무료입니다.

애플 사의 맥 종류의 컴퓨터에는 macOS라는 운영체제가 설치됩니다. macOS 또한 윈도우나 리눅스와는 다른 동작환경을 가지므로 소프트웨어가 상호 호환되지는 않습니다.

그렇다면 어떤 운영체제가 좋은 운영체제일까요? 답은 자신에게 필요한 운영체제입니다. 자신이 주로 사용하는 소프트웨어가 동작하는 운영체제를 선택해서 사용하면 됩니다.

스마트폰에도 운영체제가 있습니다. 스마트폰 자체는 하드웨어에 불과하므로, 스마트폰에도 운영체제라는 소프트웨어는 필수입니다. 삼성의 갤럭시 시리즈와 같은 스마트폰에는 '안드로이드'라는 운영체제가 사용됩니다. 애플 사의 아이폰 종류의 스마트폰에는 'iOS'라는 운영체제가 사용됩니다. 이 두 운영체제 또한 서로 환경이 다르므로 각각의 앱들이 존재합니다.

02

네트워크 기초 상식

IP 주소는 무엇일까?

    IP 주소의 개념을 정확히는 모르더라도 컴퓨터에서 인터넷을 사용하기 위하여 사용되는 주소 정도로는 느껴질 것입니다. 각종 뉴스에서도 해킹이나 컴퓨터와 관련된 사건이 발생할 때 IP 주소를 추적한다는 표현을 많이 접할 수 있습니다.

    'IP 주소'에서 IP는 Internet Protocol의 약자입니다. IP는 인터넷 통신 방식입니다. 서울에서 제주도에 사는 친구 집으로 편지를 보내려면 우리나라 도로명 주소 방식의 주소가 필요합니다. 인터넷상에서는 데이터를 주고받기 위하여 IP라는 인터넷 통신 방식을 사용합니다. IP 통신 방식에서 사용되는 주소를 IP 주소라고 부릅니다. 마치 도로명 주소 방식에서의 도로명 주소와도 유사합니다.

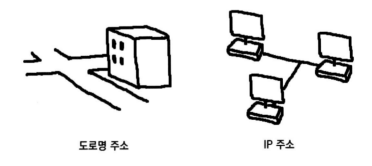

도로명 주소   IP 주소

도로명 주소와 IP 주소의 비교

현재까지 주로 사용되고 있는 IP 주소의 형태는 숫자 4개로 구성됩니다. 예를 들어 123.123.123.123과 같은 방식이죠. 전 세계적으로 만들 수 있는 IP 주소의 개수는 한정되어 있는데, 인터넷에 연결되는 컴퓨터와 같은 장치들은 급증하고 있기 때문에 기존 IP 주소 체계방식으로는 IP 주소의 개수가 부족해지고 있습니다. 이를 해결하기 위하여 IPv6라는 새로운 IP 주소 체계가 생겨났습니다. IPv6는 128비트로 구성되는 새로운 IP 주소 체계라는 정도로 기억해두면 되겠습니다.

IP 주소는 누가 만들까?

IP 주소는 미국 ICANN의 산하기관인 IANA에서 할당합니다. 국내 IP 주소관리는 한국인터넷진흥원(KISA)에서 하고 있습니다. 마치 우리나라 정부에서 도로명 주소를 관리하는 것과 마찬가지이죠.

우리 집 IP 주소는 영원할까?

IP 주소는 고정 IP 주소와 동적 IP 주소로 구분됩니다. 고정 IP 주소는 한 컴퓨터에 한 번 지정되면 다시 변경하기 전까지는 고정되는 IP 주소입니다. 한편, 동적 IP 주소는 인터넷에 연결될 때 새로 IP 주소를 받는 방식입니다.

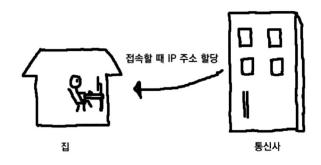

접속할 때 IP 주소 할당

집   통신사

동적 IP 주소

전 세계적으로 IP 주소의 개수는 한정되어 있습니다. 통신회사에서는 한정된 수의 IP 주소들을 보유하고 있습니다. 가정에서 인터넷에 연결하면 통신사들은 그때마다 IP 주소를 가정에 할당해 줍니다. 그래서 가정에서 사용하는 컴퓨터의 IP 주소는 어떤 주소를 할당받게 될지 유동적입니다. 이렇게 고정되지 않고 변동될 수 있는 IP주소를 동적 IP 주소라고 부릅니다. 즉, 우리 집 IP 주소는 영원하지 않고 계속 변경됩니다. 어떤 집에 어떤 동적 IP 주소가 할당되었었는지는 통신사마다 일정 기간 동안 기록에 남게 됩니다.

도메인 네임(Domain Name)은 무엇일까?

앞 절에서 IP 주소에 대하여 알아보았습니다. IP 주소는 숫자로 구성됩니다. 우리가 웹사이트를 방문할 때 숫자로 구성된 IP 주소를 사용할 수도 있습니다. 예를 들어 네이버나 구글과 같은 웹사이트에 접속할 때 123.123.123.123과 같은 모양의 숫자로 된 IP 주소를 사용할 수도 있습니다. 그런데 수많은 웹사이트를 방문할 때마다 숫자로 구성된 IP 주소를 사용한다면 기억하기도 어렵고, 웹사이트 주소를 다른 사람에게 전달할 때도 불편할 것입니다.

숫자 IP 주소 방문

도메인 네임은 숫자보다 기억하기 쉬우며 의미를 가지는 문자를 사용하여 컴퓨터의 주소를 표현하는 방식입니다. 예를 들면 다음과 같습니다.

- naver.com
- daum.net
- google.com
- yahoo.com

예를 들어 사용자가 웹브라우저 창에 숫자로 된 IP 주소 대신 영문 도메인 네임인 naver.com을 입력하면 자동으로 naver.com에 해당하는 숫자 IP 주소를 찾아서 웹사이트로 연결하여 통신을 시작합니다. 사용자 입장에서는 웹사이트 주소를 기억하기도 쉽고 입력할 때도 의미를 생각하며 입력할 수 있게 됩니다.

웹페이지의 URL이란 무엇인가?

URL이라는 용어가 낯설게 느껴질 수도 있습니다. 우리나라에서는 URL보다는 다음과 같이 '홈페이지 주소'라는 용어가 흔히 사용되기 때문입니다.

"그 웹사이트 홈페이지 주소가 뭐죠?"

위 표현을 통상적으로 사용하기는 하지만 100% 정확한 표현은 아닙니다. 주소는 서버가 할당받은 IP 주소일 뿐이기 때문입니다. 어떤 웹페이지의 위치는 다음과 같이 묻는 것이 더 정확한 표현입니다.

"그 웹사이트 URL이 뭐죠?"

URL은 Uniform Resource Locator의 약자로서 인터넷상의 문서, 비디오, 이미지 등의 자료에 대한 위치를 나타내기 위한 표현입니다. 네이버의 URL은 다음과 같이 표현합니다. 앞에 붙은 http://은 www.naver.com 주소를 가지는 서버 컴퓨터에서 웹 문서를 보겠다는 의미입니다.

http://www.naver.com

접속 대상 서버 컴퓨터에서는 웹(홈페이지) 서비스 외에 다른 서비스를 할 수도 있습니다. 예를 들어 파일을 저장하는 ftp라는 서비스를 제공할 수도 있습니다. 그 경우를 예로 들면 URL은 다음 예와 같은 형태가 됩니다. 앞에 붙은 ftp://는 접속한 서버 컴퓨터에서 ftp라는 서비스를 받겠다고 요청을 하는 것입니다. **** 부분은 어떤 서버의 도메인 이름이라고 가정합니다.

ftp://www.****.com

또 다른 예로 어떤 블로그의 URL은 다음과 같이 표현할 수 있습니다. ****부분은 블로그의 아이디라고 가정합니다. 다음 URL은 blog.naver.com 컴퓨터에 접속하여 웹서비스(http://)를 받겠다고 요청하며 웹페이지의 위치는 ****라고 지정하는 의미를 가집니다. 즉, 단순한 주소가 아니고 서비스명, 주소, 페이지 위치 등을 사용하여 인터넷상에서 어떤 정보의 위치에 대하여 상세한 형태를 지정하는 것입니다. 이렇게 인터넷상에서 어떤 콘텐츠의 위치를 지정하는 방식을 URL이라고 부릅니다.

http://blog.naver.com/*****

하이퍼링크는 무엇일까?

웹페이지를 방문하면서 원하는 정보로 이동할 때 마우스를 클릭합니다. 어떤 제목이나 이미지를 마우스로 클릭하면 다른 페이지가 나타납니다. 하이퍼 링크는 이렇게 클릭할 때 다른 문서 등으로 이동되도록 하는 연결을 의미합니다. 정보를 찾아 웹서핑을 할 때 하이퍼링크는 없어서는 안 되는 중요한 기능입니다. 현재는 당연하게 사용되고 있지만 일반적인 컴퓨터에서 사용하게 된 기간은 20~30

여 년 정도입니다.

　어떤 텍스트(문자)를 클릭하면 다른 문서로 이동될 경우 그 텍스트를 하이퍼텍스트라고 부릅니다. 연결되는 다른 대상이 꼭 웹 문서여야 하는 것은 아니고, 이미지나 비디오 등으로도 연결될 수도 있습니다. 파워포인트와 같은 소프트웨어에서도 어떤 텍스트를 클릭할 때 다른 페이지로 이동하도록 설정할 수 있습니다. 그런 경우의 텍스트도 하이퍼텍스트이고, 연결 대상은 하이퍼링크가 됩니다.

HTML이라는 언어는 무엇인가?

　요즘은 웹사이트를 만드는 일이 매우 쉬워졌습니다. 사용자가 메뉴를 선택하고 내용을 입력하는 것만으로도 각종 블로그나 홈페이지를 쉽게 만들 수 있는 서비스가 많아졌기 때문입니다.

　실제 웹사이트는 HTML이라는 언어로 만들어집니다. 요즘 자동으로 웹사이트를 만들어주는 서비스들은 일반인들이 HTML 언어를 배우고 사용하는 일이 어렵기 때문에 HTML 문서를 자동으로 코딩해주는 기능을 제공합니다.

　HTML은 HyperText Manipulation Language의 약자입니다.

즉, HTML은 하이퍼텍스트를 처리하는 언어라는 의미를 가집니다. 하이퍼텍스트는 앞 절에서 설명되었습니다. 다양한 하이퍼텍스트로 구성되는 문서를 만들 수 있는 언어가 HTML이고, 웹문서는 HTML로 만들어집니다. 한편, HTML의 기능은 한정적이라서 요즘에는 HTML 언어와 여러 가지 다른 언어들이 조합되는 방식으로 복합적인 방식의 웹문서가 만들어지고 있습니다.

네트워크 속도가 1Gbps라고 한다면 얼마나 빠르다는 것일까?

과거에는 네트워크 속도라는 용어는 일부 전문가들이 사용하던 용어였습니다. 하지만 오늘날에는 일반인들도 네트워크 속도라는 용어를 흔하게 사용하고는 합니다. 인터넷과 스마트폰 등이 발달하면서 누구나 자연스럽게 네트워크에 관심을 가지게 되었기 때문입니다.

예를 들어 1Gbps라는 표현은 복잡하게 보이지만 하나씩 개념을 풀어보면 길이를 의미하는 1m와 같은 일상 용어처럼 쉽게 이해할 수 있습니다. 컴퓨터에서는 데이터를 처리하기 위하여 비트(bit)라는 기본 정보를 사용합니다. 한 비트는 다음과 같이 전기가 흐르면 1, 흐르지 않으면 0과 같은 방식으로 1 혹은 0이라는 정보만 가집니다.

비트(bit)

bps는 bit per second의 약자입니다. bps는 1초당 몇 비트가 네트워크를 통하여 전송되는지를 의미합니다.

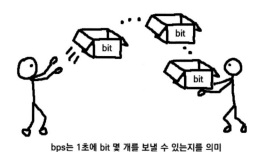

bps는 1초에 bit 몇 개를 보낼 수 있는지를 의미

bps

따라서 1초에 전송되는 속도의 예는 다음과 같습니다.

1bps: 1초에 1비트가 전송됨

1000bps: 1초에 1000비트가 전송됨

1000000000bps: 1초에 10억비트가 전송됨

그런데 1000000000bps로 쓰니 눈이 좀 아파집니다. 그래서 10억 단위를 의미하는 G를 사용하여 다음과 같이 쉽게 표현할 수 있습니다.

1000000000bps = 1Gbps

한편, 일상에서 사용하는 음악 파일이나 문서 파일은 용량의 단위가 바이트(Byte)입니다. 위에서 설명한 비트를 8개 묶어서 1 바이트라고 부릅니다. 그 관계는 다음과 같습니다.

1Byte = 8bit

10억을 8로 나누면 125,000,000 입니다. 그래서 10억 비트는 125,000,000 바이트 입니다. 1Gbps의 통신 속도는 1초에 125,000,000바이트를 전송하는 것과 같습니다. 백만 단위는 M으로 표시합니다. 따라서 초당 125M 바이트가 1초에 전송됩니다.

정리하자면, 1Gbps의 통신 속도라면 125M 바이트 크기의 비디오 파일을 1초에 전송할 수 있는 정도의 속도가 됩니다. 물론, 이는 이론상의 최대 속도이고 실제 상황에서는 각종 지연, 에러 처리 등으로 인하여 이보다는 낮은 전송 속도를 보이게 됩니다.

참고로 통신속도에서의 M 단위는 1,000,000의 수치를 사용하고, 파일 크기에서 M 단위는 1, 048, 576의 수치를 사용하므로 위 계산을 정밀하게 하면 초당 최대 전송 속도가 125M 바이트보다는 적게 됩니다. 하지만 수치가 복잡하면 이해하기가 불편하므로 M단위를 1,000,000으로 가정하여 대략적으로 설명하였으니 속도의 감을 잡는 정도로 이해하면 되겠습니다.

집에서 사용하는 무선 공유기는 어떤 역할을 하나?

요즘은 집에 무선 공유기가 하나쯤은 있습니다. 가족 구성원이 TV, 컴퓨터, 스마트폰 등 여러 가지 기기를 통해 인터넷을 사용하기 때문입니다. 무선 공유기는 말 그대로 무선랜을 공유해서 여러 기기에서 사용할 수 있도록 해주는 장치입니다. 무선 공유기를 사용할 때 약간의 원리를 이해하면 보안 사고를 예방하는 데 도움이 될 수 있습니다.

통신사로 인터넷 연결을 하면 그 가정에는 1개의 IP 주소가 할당됩니다. 물론 이전에 설명된 대로 동적 IP 주소입니다. 동적 IP 주소는 인터넷 접속 시마다 새로 할당받는 IP 주소입니다. 그런데 IP 주소는 하나인데 한 가정 내에 여러 개의 장치가 인터넷 연결을 필요로 합니다. 무선 공유기는 하나의 IP 주소를 가정 내의 여러 기기가 공유할 수 있는 기능을 합니다.

무선 공유기의 원리는 가정 내의 여러 가지 장치에 가상으로 여러 개의 내부 IP 주소를 만들어 제공하는 방식입니다. 하지만 외부 인터넷으로 나갈 때는 통신사로부터 할당받은 한 개의 IP주소를 통해 나갑니다. 예를 들어 가정 내에서 10개의 장치로 어떤 서버에 접속하더라도, 그 서버 입장에서 보면 하나의 IP 주소에서 접속을 시도하는 것으로 관찰됩니다.

무선 공유기

　한편, 이웃집이나 주변의 어떤 사람이 여러분 가정의 무선 공유기에 접속하여 인터넷을 사용할 수도 있습니다. 만약 이웃집이나 주변의 사람이 어떤 웹사이트에 접속해서 문제가 되는 행동(해킹, 부당한 거래, 악성 댓글 등)을 할 경우, 접속한 웹사이트 서버에서는 여러분 집의 IP 주소가 감지됩니다. 이런 이유로 누명을 쓰게 될 수도 있는 것이죠. 그래서 가정 내에서 사용하는 무선 공유기에는 반드시 암호를 걸어놓고 가정 내의 구성원만 접속할 수 있도록 해야 합니다.

웹서버는 정확히 무엇을 말하나?

컴퓨터나 네트워크와 관련하여 서버라는 용어는 이제 일상적인 용어가 되었습니다. 서버(server)는 서비스(service)를 제공하는 주체를 의미합니다. 배구와 같은 운동 경기에서도 서브를 넣는 사람을 서버라고 부릅니다.

컴퓨터에서 서버는 어떤 서비스를 제공하는 컴퓨터 하드웨어를 지칭하기도 하고, 그 컴퓨터 내에서 어떤 서비스를 제공하는 소프트웨어를 지칭하기도 합니다.

예를 들어 어떤 회사에서 홈페이지를 구축하기 위하여 서버용 컴퓨터를 구입했다고 가정을 해보죠. 이 경우 그 컴퓨터는 서버 컴퓨터, 즉 서버가 됩니다. 그런데 하드웨어 서버 컴퓨터만 있다고 해서 웹 서비스가 이루어지지는 않습니다. 그 서버 컴퓨터 내에는 웹 서비스를 지원하는 웹서버 소프트웨어가 설치되어 운영됩니다. 웹서버 소프트웨어는 접속하는 사용자들에게 웹 문서를 제공하는 역할을 합니다.

결론적으로 하드웨어적으로 말할 때는 웹 서비스를 제공하는 컴퓨터가 웹서버가 되는 것이고, 소프트웨어적으로 말할 때는 웹 서비스를 제공하는 웹서버 소프트웨어가 웹서버가 되는 것입니다.

가상 컴퓨터는 무엇인가?

가상 컴퓨터라는 용어는 전문가들이 사용하는 것같이 어렵게 들릴 수 있습니다. 하지만 가상 컴퓨터는 현재 일반 컴퓨터 사용자들도 많이 사용하고 있는 기술입니다. 업무적으로도 널리 사용되고 있습니다.

보통 한 대의 컴퓨터에는 운영체제를 하나 설치하여 사용합니다. 만약 어떤 테스트를 목적으로 컴퓨터가 한 대 더 필요한 경우를 가정해봅니다. 이 상황에서 잠깐 테스트해볼 컴퓨터를 한 대 더 구입한다면 비용 문제가 발생합니다. 이런 때는 현재 사용 중인 컴퓨터 내부에 소프트웨어적으로 가상의 컴퓨터를 만들어볼 수가 있습니다. 가상 컴퓨터를 만들어주는 소프트웨어는 여러 종류가 있습니다.

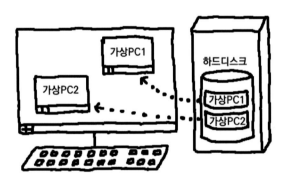

가상 컴퓨터

사용 중인 컴퓨터에 소프트웨어로 가상 컴퓨터를 만들면 그 가상 컴퓨터는 실제 컴퓨터와 동일한 또 하나의 컴퓨터로 작동합니다. 그 가상 컴퓨터 내에 다른 운영체제를 설치해볼 수도 있고, 추가적인 소프트웨어를 설치해서 사용할 수도 있습니다. 테스트가 끝나면 그 가상 컴퓨터를 간단히 삭제할 수도 있습니다. 한 컴퓨터 내에는 저장공간과 메모리가 허락하는 한 가상 컴퓨터를 원하는 수만큼 만들 수 있습니다.

가상 컴퓨터는 여러 가지 목적으로 사용됩니다. 만약 애플 사의 맥 계열 컴퓨터를 사용할 경우 윈도우 운영체제용 소프트웨어는 사용할 수가 없습니다. 이런 때는 맥 컴퓨터 내에 가상 컴퓨터를 만들고 그 가상 컴퓨터에 윈도우 운영체제를 설치하여 윈도우용 소프트웨어를 사용할 수 있습니다.

또다른 목적으로는 회사에서 한 대의 컴퓨터로 여러 서버 서비스를 제공할 때도 가상 컴퓨터가 사용됩니다. 하드웨어 서버 한 대로 가상 컴퓨터를 10대 만들어, 10개의 서비스를 할 수도 있는 것이죠. 이때 추가적인 장점은 가상 컴퓨터에 문제가 생기면 바로 삭제하고 새로운 것을 바로 만들 수 있어서 유지 관리에도 다양한 장점을 가집니다.

03

컴퓨터 파워 유저 되기

64비트 컴퓨터란 무엇을 의미하나?

이 글을 쓰고 있는 시점에 사용되는 대부분의 컴퓨터는 64비트 컴퓨터입니다. 컴퓨터에 소프트웨어를 설치할 때 가끔은 64비트용을 설치할 것인지 32비트용을 설치할 것인지와 같은 질문이 화면에 나타나고는 합니다. 이런 경우에 64비트 의 개념을 잘 이해하고 있다면 보다 자신있게 컴퓨터를 사용할 수 있을 것입니다.

앞에서 살펴보았듯이 비트(bit)라는 것은 1 혹은 0에 해당하는 단위입니다. 64비트라는 것은 1 혹은 0이라는 비트 정보가 전달되는 통로가 내부적으로 64개가 있다는 것을 의미합니다. 여기에서 통로는 CPU와 램 사이의 도로와도 같습니다. 데이터를 64비트씩 한꺼번에 처리합니다. 그렇다면 64비트가 아닌 경우도 있을까요? 오래 전에는 32비트 컴퓨터가 사용되었습니다. 물론 그보다 훨씬 더 오래전에는 16비트나 8비트 컴퓨터도 있었습니다.

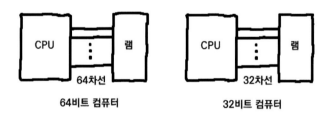

컴퓨터의 비트

비트 수가 많을수록 한꺼번에 이동할 수 있는 정보의 양이 많아집니다. 예를 들어 자동차 도로도 차선이 많을수록 차량통행이 더 수월한 것과도 같습니다. 과거에는 64비트 미만의 컴퓨터들이 주로 사용되었지만, 기술이 발전하며 현재는 대부분 64비트 컴퓨터가 우리의 일상에서 사용되고 있습니다.

이렇게 컴퓨터 하드웨어는 64비트 방식이 일반화되었지만, 예전의 32비트 컴퓨터도 일부에서는 아직 사용되고 있습니다. 그래서 소프트웨어도 32비트용과 64비트용으로 나누어져서 제공되고는 합니다. 최신 시스템인 64비트용으로 만들어진 64비트 소프트웨어는 이전의 32비트 컴퓨터에서는 실행되지 않습니다. 컴퓨터가 32비트인 경우에는 32비트용 소프트웨어를 설치해야 합니다. 한편, 예전에 만들어진 32비트용 소프트웨어라고 하더라도 호환성을 위하여 현재의 64비트 컴퓨터에서는 대부분 실행된다는 점도 알아 두면 컴퓨터 사용에 도움이 될 것입니다.

CPU의 클럭 속도는 무엇일까?

CPU(Central Processing Unit)를 우리말로 번역하면 중앙처리장치입니다. 사람에 비유하면 생각을 담당하는 뇌에 해당됩니다. 한편, 사람의 몸에 있는 심장은 일 초에 수십 번 이상 박동하며 온몸에 피를 공급합니다. 컴퓨터의 CPU 내에는 클럭이라고 불리는 시계가 있는데 이 시계가 한 번 박동할 때마다 계산이 이루어집니다. 이 시계는 마치 심장의 박동과도 비슷한 역할을 합니다. 당연히 이 시계의 박동 속도가 빠를수록 계산 속도도 빨라지게 됩니다.

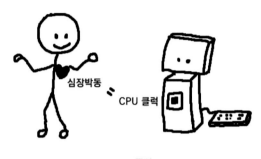

CPU 클럭

사람의 심장 박동수는 1분 동안 몇 번 심장이 뛰는 지를 의미합니다. 컴퓨터 CPU의 클럭은 1초당 몇 번 박동하는지로 클럭의 동작 속도를 표현합니다. 그 단위로는 헤르츠(Hz)를 사용합니다. 예를 들어서 2.1GHz는 1초당 2,100,000,000번 컴퓨터 클럭이 동작하는 것을 의미합니다. 3.2GHz는 1초당 3,200,000,000번 클럭이 동작하는 것을 의미합니다.

여러분이 컴퓨터를 선택할 때 클럭의 개념을 알고 있다면 해당 CPU의 성능을 이해하는 데 도움이 됩니다. 예를 들어 1.3GHz 보다는 2.1GHz 의 CPU가 더 빠릅니다. 또한 2.1GHz의 클럭 속도를 가진 CPU보다는 3.2GHz의 클럭 속도를 가진 CPU의 성능이 더 높겠죠. 그래서 클럭 속도에 대한 개념을 잘 알아 두면 컴퓨터의 구입이나 선택 시에 유리해 집니다.

듀얼 코어, 쿼드 코어?

CPU는 컴퓨터 내부에서 계산을 담당하는 부품입니다. CPU 내부에는 개별적으로 계산을 하는 회로 혹은 장치가 있는데 이것을 코어라고 부릅니다. 이렇게 계산을 담당하는 코어가 1개 있는 것을 싱글 코어, 코어가 2개 있는 것을 듀얼코어 라고 부릅니다. 4개가 있으면 쿼드 코어, 8개이면 옥타코어라고 부릅니다.

일상생활에 비유하여 이해해 볼까요? 어떤 회사에 직원이 1명 있을 때와 2명 있을 때는 동시에 처리할 수 있는 일의 양이 달라집니다. 직원이 4명이 있다면 2명이 있을 때보다 동시에 처리할 수 있는 일의 양은 당연히 많아지겠죠. CPU 내의 코어도 이러한 원리와 같이 코어가 많을수록 동시에 처리할 수 있는 일이 양이 많아져서 CPU 전체의 성능이 향상됩니다.

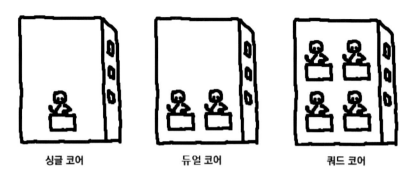

싱글 코어 **듀얼 코어** **쿼드 코어**

CPU의 코어

하지만 코어가 2개가 있다고 해서 반드시 처리량이 2배가 되는 것은 아니고 다양한 요소들의 영향을 받게 됩니다. 그리고 여러 개의 코어를 모두 사용하는 소프트웨어인지 아닌지에 따라서도 처리량은 영향을 받게 됩니다. 하지만 일반적으로 코어가 많을수록 CPU의 성능은 높아진다고 볼 수 있으므로 컴퓨터를 선택할 때 코어의 수는 중요한 요소입니다.

프로그램과 프로세스의 차이

프로세스라는 용어는 일반적으로 조금 낯선 용어일 수도 있습니다. 프로세스의 개념을 이해해 두면 컴퓨터를 능숙하게 사용하는 데 도움이 됩니다. 어떤 컴퓨터 프로그램(소프트웨어)을 설치한다는 것은 그 프로그램이 하드디스크에 설치상태로 저장되는 것을 의미합니다. 하지만 프로그램이 하드디스크에 저장된 상태만으로는 동작할 수가 없습니다. 우리가 윈도우의 시작 메뉴에서 어떤 프로그램을 실행시키면 그 소프트웨어는 실행을 위하여 메모리로 복사가 이루어집니다. 그 후 CPU는 메모리로 복사된 프로그램의 내용을 읽어가면서 실행되도록 처리합니다.

프로세스란 하드디스크 내에 있던 프로그램이 메모리로 복사되어 실행 상태에 있는 데이터를 의미합니다. 이렇게 실행되던 프로세스는 사용자가 해당 프로그램을 종료시키면 메모리에서 사라지게 됩니다.

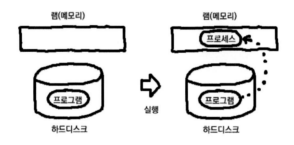

프로세서

컴퓨터를 사용하다 보면 컴퓨터가 갑자기 느려지는 일을 경험할 때가 있습니다. 이 경우 어떤 프로세스가 CPU를 과다하게 많이 점유하여 컴퓨터의 전체적인 속도를 늦어지도록 만드는 상태일 수도 있습니다. 이를 해결하기 위해서는 먼저 윈도우의 작업표시줄에서 우측 마우스 버튼을 누른 후에, 작업 관리자를 실행합니다. 작업 관리자에서 '프로세스'라는 이름의 탭을 누르면 현재 실행되고 있는 프로세스들과 그 프로세스들이 CPU를 점유하고 있는 상태가 작업 관리자 창에 나타납니다.

만약에 어떤 프로그램의 프로세스가 CPU를 과다하게 사용하여 CPU가 100% 가까이 동작하고 있다면 컴퓨터는 그 프로세스를 처리하느라 느려지게 됩니다. 이런 경우에는 그 프로세스를 마우스 우측 버튼으로 누른 후, '작업 끝내기' 메뉴를 눌러서 그 프로세스를 종료시키면 컴퓨터의 속도를 다시 회복할 수가 있습니다.

Program Files 폴더와 Program Files (x86) 폴더

소프트웨어를 설치할 때 그 소프트웨어에 관련된 파일은 하드디스크에 복사됩니다. 하드디스크는 보통 C: 드라이브라고 이름이 붙여집니다. C: 드라이브에는 여러 가지 폴더들이 위치합니다. C: 드라이브 내의 폴더 이름을 살펴보면 'Program Files'라는 이름의 폴더를 찾을 수 있습니다. 이 폴더 안에는 컴퓨터에 설치되는 여러 소프트웨어의 파일과 폴더가 위치합니다.

그런데 C: 드라이브를 자세히 살펴보면 Program Files라는 이름의 폴더가 하나 더 있는 것을 볼 수 있습니다. 한 폴더의 이름은

'Program Files' 폴더이고, 또 다른 폴더의 이름은 'Program Files (x86)'입니다. 두 폴더의 이름이 매우 유사한데 어떤 차이점이 있을까요?

Program Files 폴더

이전의 설명에서 64비트라는 개념을 알아보았습니다. 현재 우리가 사용하고 있는 대부분의 컴퓨터는 64비트 컴퓨터입니다. 그리고 우리가 설치하는 소프트웨어 역시 64비트 컴퓨터용 소프트웨어입니다. 64비트용 소프트웨어가 설치되면 기본적으로 'Program Files' 폴더 내에 설치됩니다. 한편, 32비트용 컴퓨터를 위해 만들어진 32비트 소프트웨어가 설치될 때도 있습니다. 호환성을 위하여 32비트 소프트웨어는 64비트 컴퓨터데도 설치가 가능합니다. 32비트 소프트웨어가 설치되면 'Program Files' 폴더 내에 설치되는 것이 아니고 'Program Files (x86)' 폴더 내에 설치됩니다. 그래서 이름은 유사하지만 'Program Files'와 'Program Files (x86)' 폴더는 설치되는 소프트웨어의 비트 수가 다른 것입니다.

파일 시스템 개념을 알면 USB 메모리 사용도 파워 유저

파일 시스템에 대해서 설명하기 전에 먼저 우리 일상생활에서의 한 예를 생각해보도록 하겠습니다. 우리나라에서는 도로명 주소체계와 지번 주소체계가 있습니다. 같은 집이나 땅의 위치라도 주소체계에 따라서 표현 방법이 달라집니다. 그리고 두 가지 방식의 주소체계는 각각의 특성이 있습니다. 흙이라는 공통 요소로 구성된 땅이라고 하더라도 주소체계에 따라서 해당 위치에 접근하는 방식이 달라집니다.

컴퓨터에서 사용하는 하드디스크나 USB 드라이브도 주소체계가 없으면 물리적인 물체에 불과합니다. 이러한 저장 매체에 데이터를 기록하고 읽기 위해서는 그 미디어에 적합한 주소체계가 필요합니다. 컴퓨터에서 저장 매체에 데이터를 기록하기 위하여 사용하는 주소체계를 파일 시스템 이라고 부릅니다.

파일 시스템

　예를 들어 일반적으로 컴퓨터에서 많이 사용하는 윈도우 운영체제에서는 하드디스크를 NTFS라는 파일 시스템으로 구성하여 사용합니다. 외부 저장 장치로 주로 사용하는 USB 메모리에서는 일반적으로 FAT32라는 파일 시스템 방식을 사용합니다. 하지만 필요에 따라서는 USB 메모리도 NTFS 파일 시스템으로 구성하여 사용할 수 있으며, 하드디스크도 FAT32와 같은 파일 시스템으로 만들어 사용할 수 있습니다. 즉, 어떤 저장 매체든지 필요에 따라서 적당한 파일 시스템을 적용하여 사용할 수가 있는 것입니다. 윈도우 외에도 여러 운영체제가 있습니다. 예를 들어 맥 계열의 컴퓨터나 리눅스와 같은 운영체제에서는 또 다른 방식의 파일 시스템을 사용합니다. 각 파일 시스템은 기능, 용도, 보안, 운영체제 종류 등의 면에서 차이를 가집니다.

　다양한 파일 시스템이 존재하는 이유는 파일 시스템에 따라 데이터 안정성이나 보안과 같은 특성이 다르기 때문입니다. 그리고 파일 시스템 별로 기록할 수 있는 파일의 최대 크기가 달라지기도 합니다. 하지만 이러한 자세한 사항은 컴퓨터 전문가가 아닌 입장에서는 깊게 신경을 쓸 필요까지는 없습니다. 일반적인 컴퓨터 사용자 입장에서는 PC에서 주로 사용하고 있는 윈도우 운영체제의 NTFS 파일 시스템이나 USB 메모리에서 주로 사용하고 있는 FAT32라는 파일 시스템이 있다는 정도만 알아 두어도 컴퓨터를 능숙하게 사용하는 데 도움이 될 것입니다.

삭제한 파일은 누구도 볼 수 없을까?

컴퓨터에서 불필요한 파일은 삭제할 수 있습니다. 윈도우 운영체제의 경우 파일 탐색기에서 어떤 파일을 선택하고 delete 키를 누르면 선택되었던 파일은 삭제됩니다. 하지만 이 경우 파일은 완전하게 삭제되는 것이 아니고 윈도우 운영체제 내의 휴지통이라는 곳으로 이동됩니다. 이렇게 휴지통으로 이동되는 방식으로 삭제한 파일은 언제든지 휴지통에서 꺼내어 그 파일을 다시 원래의 폴더 위치로 되돌려놓을 수 있습니다. 그러므로 이런 방식의 파일 삭제는 보안 면에서는 매우 취약한 편입니다.

위 방식보다 더 확실하게 파일을 삭제하기 위해서는 파일 탐색기에서 삭제하고자 하는 파일을 선택한 후 쉬프트키를 누른 상태에서 delete 키를 누르면 삭제 대상 파일이 휴지통으로 이동 되지 않고 완전하게 삭제됩니다. 이렇게 완전하게 삭제된 파일은 일반적인 윈도우 명령으로는 다시 되살리기가 쉽지는 않습니다. 하지만 전문적인 소프트웨어나 포렌식 도구로는 얼마든지 다시 살릴 수가 있습니다. 그 이유는 파일을 삭제할 때 실제 파일의 내용을 모두 삭제하는 것이 아니고, 파일이 있던 저장공간은 삭제된 곳이라는 표시만 하기 때문입니다. 마치 어떤 땅의 건물은 철거하지 않고 버려진 땅이라고만 표시해두는 것과도 같습니다. 그래서 특별한 소프트웨어를 사용하면 완전하게 삭제된 파일이라도 다시 되살릴 수가 있는 것입니다.

파일 삭제 방식

　그렇다면 완전하게 파일을 삭제한 후에 원래 파일이 있던 곳을 다른 파일 혹은 불규칙한 데이터를 가지고 있는 큰 파일로 덮어쓴다면 원래의 파일은 다시 되살릴 수 없을까요? 이런 경우라도 아주 전문적인 소프트웨어를 사용하면 저장 매체의 물리적인 특성을 파악하여 되살릴 가능성도 있습니다. 그러므로 보안 면에서 파일을 완전하게 삭제한다는 것은 쉽지가 않은 일입니다.

하드디스크 나 USB 드라이브의 데이터를 다시 되살릴 수 없도록 완전하게 삭제하기 위해서는 특별한 소프트웨어가 필요합니다. 이런 소프트웨어는 하드디스크나 USB 메모리에 여러 번 불규칙적인 데이터를 기록하면서 원래 저장되어 있던 데이터 영역의 물리적 특성을 없애 버리는 방식을 사용합니다. 그리고 이러한 과정은 매우 오랜 시간을 필요로 합니다. 파일을 되살리거나 완전하게 삭제하는 등의 방법이 존재하지만 일반적인 업무에서는 이런 정도로 파일을 삭제하거나 되살리는 일이 흔히 필요하지는 않을 것입니다. 이러한 원리는 이론적인 정도로만 이해해 두고 확실한 보안이 필요한 업무가 생겼을 때 적절한 파일 삭제 방법을 선택하면 될 것입니다. 참고로 이러한 문제 때문에 사용하던 컴퓨터나 저장 매체를 타인에게 주거나 판매할 때는 보안에 매우 신경을 써야 합니다.

포맷이란 무엇일까? 그리고 빠른 포맷과의 차이는?

컴퓨터를 사용하다보면 '포맷'이라는 용어를 자주 접하게 됩니다. 특히 컴퓨터나 하드디스크를 포맷한다는 표현을 자주 사용하곤 하는데, 보통은 컴퓨터를 초기화한다는 의미로 사용됩니다. 하드디스크, SSD, USB 메모리 등은 저장매체입니다. 이런 저장매체들은 우리가 사는 세계의 땅에 비유할 수 있습니다. 어떤 땅을 개발할 때는 설계도면에 따라 길과 건물의 영역을 정한 후 길을 내고 건물을 건축합니다. 땅을 누가 어떤 용도로 사용할지에 따라서 땅의 설계는 달라질 것입니다. 컴퓨터에서 사용되는 하드디스크도 기록 성질이 있는 매체일 뿐입니다. 하드디스크를 어떤 운영체제에서 어떤 구조로 사용할 것인지에 따라서 초기화 작업이 달라집니다.

하드디스크를 포맷하면 하드디스크에 저장되어 있던 기존 데이터는 모두 삭제되므로 주의해야 합니다. 파일 시스템을 생성할 때는 NTFS, FAT32, exFAT 등과 같은 파일 시스템을 지정하여 포맷이 가능합니다. 윈도우 운영체제에서는 일반적으로 위 세 가지 파일 시스템을 사용할 수 있습니다.

디스크를 포맷하는 방법은 매우 간단합니다. 예를 들어 USB 메모리가 E: 드라이브에 꽂혀 있을 경우 윈도우 운영체제에서 '파일 탐색기'를 실행한 후 E: 드라이브를 마우스 우측 버튼으로 클릭합니다. 이때 나타나는 메뉴 창에서 '포맷'을 클릭합니다. 그 다음 나타나는 창에서 다음 주요 항목들을 클릭하여 선택한 후 '시작' 버튼을 누르면 포맷이 진행됩니다.

- 파일 시스템: FAT32, NTFS, exFAT 중 원하는 것을 선택
- 볼륨 레이블: 디스크에 붙일 원하는 이름을 입력
- 포맷 옵션: 보통 '빠른 포맷'이 이미 선택되어 있으나 이를 해제해도 됨

위와 같은 방법을 사용하면 외장 하드디스크나 USB 메모리에 문제가 발생했을 때 간단하게 포맷이 가능합니다. 위 선택 사항 중 보안상 유의해야 하는 부분은 '포맷 옵션'입니다. 보통은 '빠른 포맷'이 기본적으로 선택되어 있습니다. 빠른 포맷은 디스크 전체에 모두 접근하여 초기화를 하는 것이 아니고, 디스크의 구조를 표시하는 테이블 부분만 정리하는 것입니다. 땅에 비유하면 기존의 건물이나 땅을 모두 실제 철거하는 것이 아니고 설계도면상에만 '공터'라고 기록하여 다시 재사용이 가능한 표시만 하는 것입니다. 실제 철거하는 시간이 필요 없으므로 작업이 빨리 이루어져 컴퓨터에서도 '빠른 포맷'이라고 부릅니다. 그런데 기존의 데이터가 남아 있기 때문에 다시 되살릴 수 있는 가능성이 있어서 보안상 문제가 될 수 있습니다. 보안상 특별한 우려가 없는 경우에는 빠른 포맷을 사용하면 시간을 절약할 수 있습니다.

빠른 포맷

빠른 포맷 선택을 해제하고 실행하는 일반 포맷은 디스크의 구조를 표시하는 테이블 부분은 물론 디스크의 모든 부분에 접근하여 초기화를 진행합니다. 땅에 비유하면 땅의 설계를 다시 하면서 기존의 길과 건물을 모두 철거하는 작업도 함께 진행합니다. 당연히 시간이 오래 걸리겠죠. 디스크의 용량이 크다면 그에 따라 시간이 더 오래 걸리게 됩니다. 한편 기존의 데이터를 모두 삭제했기 때문에 보안적인 면에서는 빠른 포맷보다 나은 방법이 됩니다.

빠른 포맷이나 일반 포맷은 각자의 업무 특성에 따라서 선택하여 사용하면 됩니다. 참고로 포맷을 하여 디스크에 남아 있던 기존 데이터를 모두 삭제하더라도 특별한 소프트웨어를 사용하여 다시 되살릴 수 있는 가능성은 여전히 있습니다. 이는 하드디스크, SSD, USB 메모리 등 저장매체에 따라 되살릴 수 있는 정도가 달라집니다. 되살리기가 어려운 완전한 삭제를 위해서는 별도의 소프트웨어를 사용하여 여러 번 삭제나 초기화 작업을 해야 하는데 번거롭고 시간도 오래 걸리게 됩니다.

윈도우 기능 중 비트로커(BitLocker)의 용도는?

만약 노트북 컴퓨터를 잃어버리는 경우를 생각해보죠. 컴퓨터 내에는 개인 정보 뿐만 아니라 업무상 중요한 데이터가 많이 저장되어 있을 수 있습니다. 분실된 컴퓨터의 하드디스크에 누군가 접근한다면 개인 정보나 업무상 중요한 정보가 유출될 수 있습니다.

이런 위험에 대비하기 위하여 하드디스크 전체 혹은 일부를 암호화해 주는 다양한 소프트웨어가 있습니다. 하드디스크를 암호화해서 사용하면 컴퓨터를 분실하더라도 하드디스크에 저장되어 있는 데이터를 다른 사람이 볼 수 없게 됩니다. 이를 위해서는 별도의 소프트웨어를 구하거나 구매하여 컴퓨터에 설치해 사용하는 방법이 있습니다.

비트로커

한편, 별도의 소프트웨어를 사용할 경우에는 추가적인 비용이 발생하거나 추가적인 소프트웨어의 설치가 번거로울 수도 있습니다. 윈도우 운영체제에는 하드디스크를 암호화할 수 있는 비트로커라는 프로그램이 내장되어 있습니다. 비트로커를 사용하면 하드디스크 전체를 암호화하여 사용할 수 있으므로 컴퓨터가 분실되더라도 하드디스크 내의 정보 유출을 예방 할 수가 있습니다.

'앱'이란 용어는 어디에서 왔을까?

컴퓨터는 물리적인 부분인 하드웨어와 그 하드웨어를 동작시키는 소프트웨어로 나누어집니다. 하드웨어 자체만으로는 컴퓨터가 동작할 수가 없고 컴퓨터 프로그램인 소프트웨어를 필요로 합니다. 소프트웨어는 하드웨어를 동작시키기 위한 목적을 가지는 종류와 사용자의 업무 혹은 작업을 처리하기 위한 목적을 가지는 종류로 나누어집니다.

예를 들어서 윈도우 운영체제와 같이 컴퓨터의 시스템을 관리하는 소프트웨어는 시스템 소프트웨어(System Software)라고 부릅니다. 시스템 소프트웨어는 메모리, 하드디스크, 그래픽 카드 등의 부품의 동작을 관리하는 역할을 담당합니다. 반대로 워드프로세서, 게임, 영상 편집 등과 같이 사용자의 업무를 처리해주는 소프트웨어도 있는데, 이는 응용 소프트웨어(Application Software)라고 부릅니다.

컴퓨터나 스마트폰에서 일반 사용자들이 일반적인 용도로 사용하는 소프트웨어는 응용 소프트웨어에 해당되므로, 그 영어 명칭

Application의 앞부분을 사용하여 앱(App)이라고 줄여서 부릅니다. 우리나라에서는 앱이랑 용어도 사용되지만 애플리케이션의 동사형인 어플라이(Apply)의 앞 부분을 사용한 '어플'이라는 명칭도 흔히 사용되고 있습니다.

04

하드디스크, SSD, USB 메모리

왜 하드디스크라는 명칭이 생겨났을까?

지금은 컴퓨터 저장장치의 용량도 매우 커졌고 가격도 저렴하지만 개인용 컴퓨터의 초창기에 해당하는 1980년대에는 용량은 적고 가격은 매우 비쌌습니다. 현재에 비하면 그 당시에 일반적으로 사용되던 저장장치의 용량은 수만 혹은 수백만 분의 일 정도로 적었습니다. 1980년대에 주로 사용되던 저장장치는 자성체를 입힌 플라스틱 디스크(원반)를 플라스틱 케이스에 넣어서 사용하는 형태였습니다. 이때 사용하던 플라스틱 디스크는 휘어지는 부드러운 재질 형태였기 때문에 플로피디스크(Floppy Disk)로 불리었습니다. 플로피디스크는 용량도 매우 적었으며 속도는 지금과는 상대가 되지 않을 정도로 느렸습니다.

플로피디스크의 뒤를 이어 사용된 저장장치가 하드디스크 입니다. 하드디스크가 일반 컴퓨터 시장에서 사용되던 초기에는 그 용량이 20MB 정도였으니 지금과 비교하면 상상할 수도 없이 적은 용량입니다. 그래도 플로피디스크 보다는 용량도 수십 배 크고 속도도 상대적으로 빨랐습니다. 하드디스크의 속에는 딱딱한 금속으로 만들어진 디스크가 들어갑니다. 이전에 사용되던 플로피디스크에 대비하여 딱딱한 재질이 사용되었으므로 하드디스크라는 명칭을 가지게 되었습니다.

하드디스크의 작동 원리는 무엇일까?

하드디스크 안에는 여러 장의 금속 디스크가 들어 있습니다. 이 금속 디스크는 자기장에 의하여 데이터가 기록되는 자성 물질로 이루어졌습니다. 이 금속 디스크들은 보통 분당 7200회 정도의 속도로 회전합니다. 분당 7200회면 1초 동안 120회의 회전이 이루어지는 매우 빠른 속도입니다. 디스크를 플래터라고도 부르는데 본서에서는 모양의 이해를 위하여 디스크라는 명칭을 사용합니다.

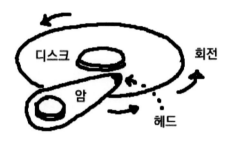

디스크와 헤드

회전하는 디스크에 데이터를 기록하거나 읽기 위해서는 디스크에 자기장을 전달할 장치가 필요합니다. 하드디스크 내부에는 암(arm)이라는 기다란 막대 형태의 장치가 움직이며 금속 디스크의 필요한 위치에 접근합니다. 암의 끝에는 헤드라는 장치가 붙어 있고, 이 헤드가 금속 디스크에 자기장을 전달하여 데이터의 기록이나 읽기가 이루어집니다.

SSD는 무엇의 약자인가? 하드디스크와 어떤 차이가 있나?

SSD는 Solid State Disk의 약자로서 하드디스크의 뒤를 이어 컴퓨터의 저장장치로 각광을 받고 있습니다. 요즘 컴퓨터를 구입할 때는 대부분 저장장치로 하드디스크 대신 SSD가 장착되고는 합니다. SSD를 사용하는 가장 큰 이유는 하드디스크에 비해 읽고 쓰는 속도가 매우 빠르기 때문입니다. 얼마 전까지만 해도 SSD의 높은 가격으로 인해 컴퓨터에 적은 용량의 SSD가 장착되었으나, 최근에는 가격이 많이 낮아져 1TB 이상의 SSD도 흔히 사용되고 있습니다.

SSD는 왜 하드디스크보다 속도가 빠를까요? 해답은 그 구조와 작동 방식에 있습니다. 먼저 하드디스크는 데이터가 원반형 디스크에 기록되는데, 디스크에 데이터를 기록하거나 읽기 위해서는 암이 이동해서 헤드를 디스크의 해당 위치로 접근시키는 기계적인 시간이 필요합니다. 데이터가 기록되거나 읽는 위치가 많이 떨어져 있다면 그만큼 암은 많은 거리를 이동해야 합니다. 더 큰 문제는 한 개의 파일이라도 데이터는 한 곳에 모여 기록되는 것이 아니고 조각난 형태로 디스크의 여러 위치에 분산되어 기록되어 있는데, 이 때문에 하드디스크의 암은 매우 빈번하게 움직여야 합니다. 당연히 데이터를 기록하고 읽는 속도가 느려지게 됩니다.

SSD

SSD의 내부에는 디스크나 암과 같은 기계적인 장치가 없습니다. 따라서 기계적인 움직임이 발생하지 않기 때문에 당연히 속도가 빨라지게 됩니다. SSD 내에는 기록용 디스크가 없는 대신 정보를 저장하는 셀(cell)이 수없이 많이 존재합니다. 이 여러 셀에 정보를 전기적으로 저장하거나 읽습니다. 셀의 수가 많고 위치가 서로 다르더라도 전기 회로로 구성되어 전기의 속도로 읽기 때문에 셀의 위치에 따른 접근 속도의 차이도 발생하지 않습니다. 이런 이유로 SSD의 읽기 쓰기 속도는 하드디스크에 비해서 매우 빠릅니다.

하드디스크와 SSD 중 어떤 것을 사용해야 하나?

SSD가 하드디스크보다 빠른 원리는 앞 절에서 살펴보았습니다.

SSD가 하드디스크에 비해 가지는 또 하나의 강점은 충격에 강하다는 점입니다. 하드디스크의 경우 고속으로 회전하는 여러 장의 금속 디스크와 그 디스크 위를 움직이는 암과 헤드라는 기계 장치가 내부 있다 보니 충격에 약합니다. 특히 동작 중일 때는 금속 디스크가 고속으로 회전하는데, 외부 충격에 의하여 헤드가 진동하면서 디스크를 직접 접촉하게 되면 디스크에 스크래치 등의 파손이 쉽게 발생할 수 있습니다. SSD는 내부에 디스크의 회전이나 암의 기계적인 이동이 없으므로 충격에 상대적으로 강하고 전기 소모량 면에서도 하드디스크보다 유리합니다.

SSD의 장단점

위와 같은 이유로 인하여 SSD는 하드디스크를 급격히 대체해가고 있습니다. 그런데 SSD는 장점만 있는 것일까요? SSD가 하드디스크에 비해서 속도라는 매우 큰 장점을 가지기는 하지만 데이터를 셀에 기록할 때 셀의 물리적인 특성으로 인하여 셀에 데이터를 기록할 수 있는 최대 횟수가 정해져 있습니다. 즉, 셀에는 사용 가능한 수명이 있는 것이죠. SSD 내의 한 동일한 셀에 수천 번 혹은 수만 번 이상의 기록이 가능하기는 하지만 수명의 한계는 존재합니다. 한편, 하드디스크는 데이터를 기록할 때 디스크의 자기적인 성질만 변경시키기 때문에 물리적인 소모 현상이 발생하지는 않습니다.

이런 이유로 반복적인 기록이 매우 빈번하게 발생하는 경우에는 사용정도에 따라 하드디스크가 유리할지, SSD가 유리할지를 판단해보아야 합니다. 한편, SSD에도 수명을 늘이기 위한 다양한 기술이 접목되어 있기 때문에 일반적인 사용 환경에서는 문제가 없을 정도로 SSD의 수명은 충분히 늘어나 있는 상태입니다.

컴퓨터는 오래 사용하면 느려지나?

처음 컴퓨터를 구입한 상태거나 다시 초기화를 한 컴퓨터는 실행속도가 빨라 매우 쾌적하게 느껴집니다. 그런데 장기간 컴퓨터를 사용하다 보면 점점 속도가 느려지는 것을 느낄 수가 있습니다. 심한 경우에는 정상적인 사용이 어려울 정도로까지 속도가 저하되는 것을 경험하기도 합니다. 컴퓨터 부품이 노후되기 때문에 속도가 느려지는 것일까요? 아니면 설치되어 있는 소프트웨어가 노후되기 때문에 속도가 느려지는 것일까요?

　컴퓨터 하드웨어 자체는 고장이 나서 동작을 멈추기 전까지는 느려지는 일이 발생하지는 않습니다. 컴퓨터 내의 회로에 문제가 생겨 고장이 날 수는 있어도 회로 자체의 구조가 저절로 변경될 수는 없기 때문입니다. 한편, 컴퓨터를 오래 사용하다 보면 계속 설치하는 소프트웨어가 많아지고, 여러 소프트웨어가 사용하는 임시 파일들의 수가 증가하기 때문에 처리할 작업의 종류 그리고 처리할 데이터의 양이 컴퓨터의 속도 저하에 원인으로 작용하기도 합니다. 그렇지만 증가한 소프트웨어의 수만 컴퓨터 속도 저하의 주요 원인은 아닙니다.

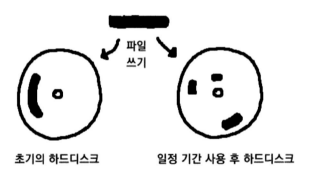

파일의 조각화

　이전의 절에서 하드디스크의 구조와 동작 원리를 살펴보았습니다. 하드디스크가 느린 이유는 내부에 있는 금속 디스크의 회전과 디스크의 해당 위치로 헤드를 이동시키는데 시간이 소요되기 때문입니다. 컴퓨터에서는 하나의 파일을 한 곳에 모아서 저장하지는 않습니다. 하나의 파일을 한 곳에 저장할 공간이 없을 경우에는 하드디스크의 빈 곳들을 찾아 데이터를 조각내어 여러 위치에 저장해둡니다. 컴퓨터를 사용하는 기간이 길어질수록 이런 파일의 조각화 현상은 증가합니다. 이에 따라 한 개의 파일을 쓰거나 읽을 때도 하드디스크의 헤드가 움직여야 하는 경로는 복잡해지고 길어지게 됩니다. 다시 컴퓨터를 포맷하고 운영체제를 다시 설치하면 이런 조각화된 상태가 정리되어 빈 하드디스크 공간에 하나의 파일을 모아서 기록하게 되기 때문에 컴퓨터의 속도는 초기 상태로 돌아가게 됩니다. 즉, 헤드의 이동 횟수가 최소화되는 것입니다. 참고로 SSD는 헤드가 없이 전기적으로 읽기와 쓰기가 이루어지므로 파일이 조각화되어 있더라도 이로 인해 컴퓨터가 느려지는 현상은 매우 미미합니다.

윈도우에서 제공하는 조각모음 기능 이해하기

앞 절에서 컴퓨터가 점점 느려지는 이유는 파일이 조각화되어 하드디스크의 여러 위치에 나누어져 기록되기 때문이라고 설명했습니다. 윈도우 운영제제는 이 현상을 최소화할 수 있는 '디스크 조각 모음'이라는 기능을 제공합니다. 명칭 그대로 여러 조각으로 나누어져 저장되어 있는 파일의 데이터를 모아서 한 곳에 위치시키는 기능입니다. 이렇게 되면 하드디스크의 헤드가 움직이는 경로가 짧아지므로 컴퓨터의 속도 향상을 기대할 수 있습니다. 디스크 조각모음 기능을 굳이 자주 실행할 필요는 없겠으나, 정기적으로 실행해주면 느려진 컴퓨터의 속도를 어느 정도는 회복할 수 있게 될 것입니다.

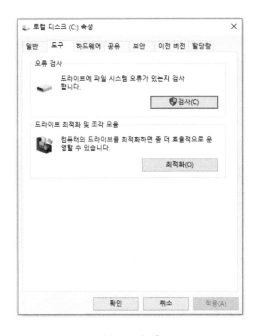

디스크 조각모음

윈도우 운영체제의 경우 디스크 조각모음 기능은 다음 순서로 실행하면 됩니다.

- 파일 탐색기를 실행
- 대상 드라이브를 마우스 우측 버튼으로 누른 후 '속성' 메뉴를 클릭
- '도구' 탭을 클릭

- 화면의 창에서 '최적화' 버튼을 클릭

SSD도 조각모음이 필요할까?

최근에 저장장치로 선호되고 있는 SSD를 사용할 때도 파일의 조각화 현상이 발생할까요? 당연히 발생합니다. 저장장소의 빈 곳이 하나의 파일을 저장하기에 충분한 크기가 아닌 경우에는 파일을 여러 조각으로 만들어 분산된 위치에 저장하는 동일한 방식을 사용하기 때문입니다.

SSD를 사용하는 컴퓨터는 하드디스크를 사용하는 컴퓨터보다는 사용 기간에 따른 속도 저하 문제가 적습니다. 먼저 생각해볼 수 있는 이유로는 SSD의 속도 자체가 하드디스크보다 빠르기 때문입니다. 더 중요한 이유는 SSD 내부에는 헤드가 이동하는 기계적인 현상이 없이 전기적으로만 접근하여 전자회로에 값을 쓰거나 읽습니다. 그러므로 파일이 조각화되어 있어도 파일의 각 부분으로의 접근 시간이 동일합니다. SSD를 사용하는 컴퓨터도 오랜 기간 사용하면 조각화되는 파일의 수가 늘어나지만 읽고 쓰는 속도의 저하가 거의 없기 때문에 많이 느려지지 않습니다. 물론 설치되는 소프트웨어의 수와 데이터가 누적되어 이를 처리해야 하는 시간의 증가는 있지만 하드디스크와 같이 저장장치 자체의 특성으로 인해 컴퓨터가 느려지는 요인은 매우 적다는 의미입니다. 따라서 SSD를 사용하는 컴퓨터에서는 '디스크 조각모음' 기능을 사용할 필요가 없습니다.

만약 SSD에서도 디스크 조각모음을 실행한다면 이익이 클까요? 손해가 클까요? 일단 SSD의 특성상 디스크 조각모음의 효과가 미미하다는 점은 앞에 설명한 바와 같습니다. 그런데 디스크 조각모음 과정에서는 많은 수의 쓰기 동작이 수행됩니다. 파일 데이터의 조각들을 하나의 공간으로 이동하는 작업을 수행해야 하기 때문입니다. SSD에서의 쓰기 동작은 셀의 수명에 영향을 미칩니다.

그러므로 SSD에 디스크 조각모음을 실행한다는 것은 속도 증가 효과는 미미한 반면, 수명은 줄어들게 되는 별 소득이 없는 일이라고 할 수 있습니다.

SSD의 사용 수명을 늘이는 방법

SSD는 물리적인 특성상 셀마다 최대 기록횟수의 한계가 존재합니다. 요즘 사용하는 SSD 제품들은 모델이나 제조사에 따른 차이는 있겠으나 한 셀 당 기록할 수 있는 횟수의 한계가 수천 번 안팎 정도로 알려져 있습니다. 그렇다면 SSD에 데이터를 수천 번 저장하면 SSD의 수명이 끝나는 것일까요? 맞습니다. 만약 한 셀만 계속 사용한다는 가정하에서는요.

잠깐 일상의 예를 생각해 보겠습니다. 어떤 호텔에 객실이 100개가 있다고 가정해보죠. 어느 날 이 호텔에 10개의 객실이 사용된 후 반납되었습니다. 그리고 또다른 객실 예약 요청이 들어왔습니다. 이때 새로운 예약에 대해 계속 사용했던 객실만 재배정한다면 10개의 객실은 노후 속도가 빨라져 고장이 발생할 것입니다. 반대로 새로운 예약에 대하여 최대한 사용한 적이 없는 객실을 배정하는 방식을 사용한다면 호텔에 있는 전체 객실이 모두 공평하게 사용되어 전체 객실이 노후화되는 속도가 늦어질 것입니다.

웨어 레벨링

SSD에서도 위의 호텔의 예과 같은 방식을 사용합니다. 새로운 데이터를 기록할 때는 최대한 기록에 사용하지 않았던 셀들을 찾아 기록을 실행합니다. 비록 셀 하나에는 최대 기록 횟수의 한계가 있더라도 최대한 각 셀을 돌아가며 사용하면 SSD 셀들의 수명을 최대한 늘릴 수 있을 것입니다. 이런 기술을 웨어 레벨링(Wear Leveling)이라고 부릅니다. 이 기술은 SSD 내에서 자동으로 동작합니다. 중요한 점은 SSD에 어느 정도 여유 공간이 존재해야 이런 기술이 원활하게 작동합니다. 그래서 SSD를 오래 사용하기 위해서는 전체 용량의 10%~20% 정도를 비워두라고 권고되고 있습니다. 사용하지 않고 비워두기에는 조금 아깝다고 느껴지는 양입니다. 하지만 SSD의 특성상 수명에 관련된 부분이니 참고해두면 좋을 것입니다. 그리고 웨어 레벨링 기술은 USB 메모리에도 비슷하게 적용되는 기술입니다.

USB, SSD를 구입할 때 설명되어 있는 MLC, TLC는 어떤 의미인가?

USB 메모리나 SSD를 구입하기 위하여 온라인 쇼핑몰 등을 방문하여 사양을 자세히 읽어보면, 셀의 특성이 TLC라는 것과 같은 설명을 볼 수 있습니다. 일반적인 사용자 입장에서는 이 용어가 눈에 잘 들어오지 않았을 수도 있습니다. 하지만 이 용어를 잘 이해해 두면 보다 빠른 USB 메모리나 SSD를 구분할 수가 있게 됩니다.

SSD나 USB 메모리는 내부의 셀에 데이터가 기록됩니다. 이 기술의 초창기에는 한 셀에 1비트가 기록되었습니다. 이 방식이 SLC(Single-Level Cell) 기술입니다. 시간이 흘러 한 셀에 더 많은 용량을 저장하고자 한 셀에 2비트를 기록할 수 있게 되었습니다. 이 방식이 MLC(Multi-Level Cell) 기술입니다. 한 개의 셀에 기록할 수 있는 데이터의 양은 늘었지만, 셀의 수명은 줄어들고 데이터를 읽고 쓰는 속도도 늦어졌습니다. 마치 방 하나를 혼자 사용할 때와 둘이 사용할 때 발생하는 현상과도 유사합니다. 시간이 더 흐르며 한 개의 셀에 3비트를 저장하는 제품이 나왔습니다. 이 방식이 TLC(Triple-Level Cell) 기술입니다. TLC 기술에서는 데이터의 저장 용량은 늘었지만, 셀의 수명은 더욱 줄어들고 데이터를 읽고 쓰는 속도도 더 늦어졌습니다.

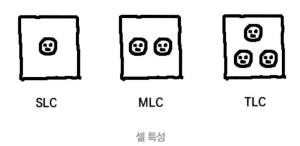

셀 특성

경제성이 좋기 때문에 최근의 SSD나 USB 메모리 제품들은 TLC 방식을 주로 사용합니다. 그리고 TLC 방식이라고 하더라도 웨어 레벨링과 같은 기술로 수명을 충분히 늘일 수가 있게 되었습니다. 속도 또한 일반적으로 사용하기에는 크게 부족하지 않을 정도로 개선되었습니다. 내구성과 속도를 요구하는 특별한 목적이 있을 경우에는 SLC나 MLC 방식의 제품을 사용하기도 합니다. 이 경우에는 비용이 증가하는 문제도 함께 발생할 것입니다.

05

사진, 영화, 음악 등의

멀티미디어 데이터

jpg 이미지 파일이 많이 사용되는 이유

일상 생활이나 업무에서 이미지 파일은 빈번하게 사용됩니다. 스마트폰에서 촬영한 사진도 이미지 파일로 저장됩니다. 인터넷 웹페이지에 나타나는 사진들도 이미지 파일입니다. 이미지 파일의 형식에는 여러 가지 종류가 있습니다. 예를 들면 jpg, png, bmp, gif, raw 등의 종류가 있습니다. 이런 이미지 파일 형식은 종류별로 특징과 장단점이 각각 존재합니다. 어떤 이미지 파일이 어떤 종류의 형식인지는 파일 확장자로 알 수 있습니다. 예를 들어서 test.jpg와 같은 이미지 파일은 jpg 형식의 이미지 파일입니다. 파일 이름이 test.png라면 png 형식의 이미지 파일입니다.

다양한 이미지 파일 형식 중 인터넷에서 가장 많이 사용되고 있는 형식은 jpg 형식입니다. jpg 이미지 형식의 가장 큰 강점은 압축률이 높아 파일의 크기가 작다는 것입니다. 파일의 크기가 작으면 저장 공간도 절약할 수 있고, 인터넷으로 웹페이지가 전송될 때 전송 속도도 빨라집니다. jpg 파일의 압축률이 왜 높은지는 차후의 절에서 설명될 것입니다. 한편, jpg 파일 형식의 화질은 매우 좋다고는 할 수가 없습니다. jpg 파일의 이미지를 확대해서 보면 png 형식의 파일에 비해서 이미지가 깨지거나 색이 뭉개지는 현상을 볼 수 있습니다. 그럼에도 불구하고 약간의 화질 저하가 사람의 눈에 영향을 미칠 정도는 아니면서도 파일의 크기는 매우 작은 장점으로 인해 대중적인 이미지 파일 형식이 되었습니다.

영화는 왜 mp4 동영상 파일로 저장할까?

영화는 동영상 파일에 저장됩니다. 동영상 데이터는 사진과 같은 이미지 파일에 비해서 막대한 저장 용량을 필요로 합니다. 1초에 대략 30프레임(장) 정도의 이미지가 동영상에 사용된다고 가정하면 1시간 분량의 동영상 파일은 "이미지 1장의 용량 x 30 x 3600"에 해당하는 용량이 됩니다. 이렇게 용량이 커지면 동영상 파일을 저장하기 위해 많은 저장 공간이 필요합니다. 또한, 인터넷으로 동영상을 전송할 때 요구되는 네트워크의 속도도 매우 빨라야 합니다.

동영상 데이터의 용량은 매우 크지만, 현재 인터넷을 통한 많은 영화 스트리밍 서비스가 무리 없이 이루어지고 있습니다. 인터넷만 연결되어 있으면 4K에 달하는 고화질의 영화도 무리 없이 감상할 수 있게 되었습니다. 이런 일이 가능할 수 있는 것은 mp4라는 동영상 파일 형식 때문입니다. mp4 동영상 파일은 test.mp4와 같이 mp4라는 파일 확장자를 가집니다. mp4 파일의 압축률은 매우 높습니다. 따라서, 막대한 크기의 동영상 데이터를 작은 크기의 동영상 파일로 저장할 수 있습니다. 이렇게 압축된 작은 크기의 동영상 파일은 인터넷을 통해 효율적으로 전송될 수 있습니다. 이런 기술로 인해 우리는 고화질의 영화를 인터넷 스트리밍을 통해 가정에서 감상할 수가 있습니다.

mp4 파일도 장점만 있는 것은 아닙니다. 높은 압축률로 영상을 줄이다 보니 데이터의 손실 부분이 발생합니다. 원본 동영상 이미지와 비교해서 보면 mp4 동영상 파일의 이미지는 깨지거나 색이 뭉개지는 부분이 발생합니다. 하지만 영상의 화질 저하의 정도는 사람의 눈으로 볼 때 거의 미미한 정도이고, 미세한 화질 저하라는 문제에 비해 높은 압축률이라는 장점이 압도적으로 큽니다. 이런 이유로 mp4 동영상 파일 형식은 현재 가장 많이 사용되고 있는 동영상 파일 형식 중의 하나가 되었습니다.

mp3 음악 파일은 CD(컴팩트 디스크) 음악보다 음질이 좋을까?

앞 절에서 jpg 이미지 파일과 mp4 동영상 파일 형식에 대한 장단점을 알아보았습니다. 이번 절에서 살펴보는 mp3 파일의 경우에도 이와 유사한 특성이 나타납니다. 가수가 스튜디오에서 녹음을 할 때 원본 음성과 반주는 전혀 압축되지 않은 원본 형태로 저장됩니다. 녹음된 음원을 과거에는 CD(Compact Disc)라는 원반 형태의 미디어에 저장하여 판매하기도 했습니다. 오디오 CD에 저장되는 사운드는 원본 음성과 완전히 동일한 형태까지는 아니지만 압축은 되지 않은 형태로 저장됩니다. 그러므로 오디오 CD의 음질은 매우 우수한 특징을 가집니다.

한편, 20~30년 전부터 mp3 음악 파일이 대중화되면서 CD 형태의 음악 미디어는 감소하기 시작했습니다. CD 형태의 음원을 mp3 파일로 변환하여 컴퓨터에서 재생하기 시작했고, mp3 파일을 재생시켜주는 플레이어도 등장했습니다. 그 시기에 사용되던 저장장치의 크기는 현재에 비해 매우 작았기 때문에 파일의 크기가 중요한 요소였습니다. mp3 파일 형식은 원본 사운드를 매우 높은 비율로 압축할 수 있습니다. 원본 대비 거의 10% 정도의 크기로 압축할 수 있기 때문에 mp3 플레이어 등에서 인기를 누리며 사용되었습니다. 물론 인터넷을 통해 음악을 스트리밍할 때도 작은 크기의 mp3 파일 형식은 큰 강점을 제공했습니다. 이런 이유로 mp3 파일은 여전히 많은 분야에서 사용되고 있습니다.

한편, mp3 파일에서도 높은 압축률을 위해 약간의 음질 저하가 발생합니다. 사람의 귀에 민감하지 않은 부분의 음질이 손실되기 때문에 압축률이 높아집니다. 물론 사람이 거의 인식하기 어렵기 때문에 음악을 즐기는데 있어서 큰 문제가 되지는 않습니다. 하지만 오디오 CD 음원은 원음을 압축하지 않고 가지고 있는 반면 mp3 파일의 음원은 음질의 손실 부분이 존재하기 때문에 음질이 원음과 동일하지는 않습니다. 그래서 최근에는 음질 손실이 없는 무손실 압축 방식으로 만들어지는 flac과 같은 새로운 형태의 사운드 파일 형식이 사용되기도 합니다.

손실 압축과 무손실 압축

앞에서 jpg, mp4, mp3 파일을 설명하면서 화질이나 음질의 손실이라는 표현을 자주 사용하였습니다. 이번 절에서는 손실의 의미를 알아보겠습니다. 그리고 이에 대비되는 무손실 압축 방식과도 비교를 해보겠습니다.

컴퓨터 파일을 압축한다는 의미는 자주 나타나는 데이터는 적은 비트 수로 표현하여 저장 공간을 줄이는 수학적인 기술을 말합니다. 그렇다 보니 아무리 압축을 하더라도 더 이상은 압축을 할 수 없는 한계가 존재합니다. 예를 들어서 어떤 파일을 zip 압축 파일로 압축한 후, 그 zip 파일을 다시 압축해봐도 해봐도 더 이상은 압축되지 않는 것을 볼 수 있습니다. 수학적으로 더 이상 압축할 수 없는 상태이기 때문입니다.

우리가 업무 환경에서 흔히 사용하는 zip 파일과 같은 것이 무손실 압축입니다. 무손실 압축 방식에서는 단 한 비트라도 손실이 발생하지 않습니다. 이는 어떤 파일을 압축한 후 다시 압축을 풀면 원래의 데이터가 단 한 비트도 유실되지 않고 원본 그대로 복원된다는 의미입니다. 이는 매우 중요합니다. 만약 hwp와 같은 워드 파일을 압축했다가 풀었을 때 한 비트라도 유실되면 그 파일은 사용할 수가 없게 되기 때문입니다. 우리가 흔히 사용하는 여러 가지 압축 프로그램은 무손실 압축 방식을 사용한다는 점을 기억해두면 되겠습니다.

압축 방식의 종류

한편, 이미지, 동영상, 사운드 등의 데이터를 무손실 압축 방식으로 압축하기에는 무리가 따릅니다. 무손실 압축률은 크지 않기 때문입니다. 이런 멀티미디어 데이터를 무손실 압축으로 압축할 경우 파일 크기도 여전히 매우 크고 인터넷을 통해 전송하기에도 적합하지 않습니다. 이런 문제를 해결하기 위한 압축 방식이 '손실 압축' 기술입니다. 손실 압축 기술은 사람의 눈이나 귀가 많이 민감하지 않은 부분은 손실시키면서 압축하기 때문에 압축률이 매우 높아집니다. 워드 파일과 같이 단 한 비트라도 소실되면 문제가 되는 경우와 다르게 음악이나 영상과 같은 멀티미디어 데이터는 약간의 손실이 발생해도 감상에 큰 문제가 생기지는 않습니다. 우리의 눈과 귀는 고주파보다는 저주파에 민감합니다. 손실 압축 과정에서는 영상이나 사운드를 주파수 형태로 분석한 후 고주파 부분을 약간 제거합니다. 즉, 사람이 알아채기 어려운 부분을 제거하는 것이죠.

png, raw, bmp 이미지 파일 포맷

과거에 카메라에서 사용되던 필름은 거의 사라지고, 현재는 디지털 카메라나 스마트폰 카메라가 주로 사용되고 있습니다. 기술의 발전에 따라 디지털 카메라와 스마트폰 카메라의 화소수는 매우 증가했습니다. 그렇다 보니 화질을 중요시하는 사용자들도 증가했습니다. 특히, 앨범, 웨딩, 예술 등의 상업적 촬영 분야에서는 화질이 촬영의 핵심이 되곤 합니다. 일반 사용자들도 이미지를 확대하거나 포토샵과 같은 이미지 편집기로 사진을 처리할 때는 높은 품질의 이미지를 필요로 합니다.

상업적인 사진작가들이 흔히 사용하는 이미지 파일 형식은 raw 파일입니다. raw 파일은 기본적으로 촬영된 이미지를 압축하지 않고 그대로 파일에 저장하는 방식입니다. 이미지가 손실되지 않기 때문에 원본 화질을 유지한 상대로 사진 편집 등의 후처리에 유용합니다. 디지털 카메라에서 촬영을 하면 보통 기본적으로는 jpg 파일 방식으로 저장되지만, 메뉴 변경을 통해 사진이 촬영된 후 바로 raw 파일로 저장되도록 설정할 수도 있습니다. 스마트폰에서도 사진 촬영 시 일반적으로는 용량이 적은 jpg 파일 등의 손실 압축 방식으로 저장되지만, 메뉴 변경을 통하여 raw 파일로 저장되도록 설정할 수 있습니다. 단, 사진을 raw 파일로 저장하는 경우에는 저장 공간을 매우 많이 차지한다는 점도 유의할 필요가 있습니다.

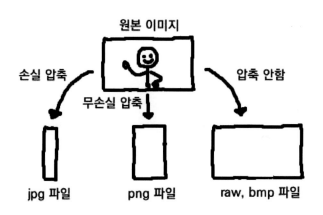

이미지 파일과 압축

　png 이미지 파일 형식은 이미지를 압축하여 저장합니다. 이때 사용하는 압축은 '무손실 압축' 기술을 사용하기 때문에 화질의 저하는 발생하지 않습니다. 물론 무손실 압축을 사용하므로 jpg 파일에 비해 압축된 파일의 크기는 상대적으로 큽니다. png 파일은 무손실 압축을 실행한다는 점 이외에도 투명도를 표시하는 정보(알파 채널)

를 추가한다는 장점을 가집니다. 투명도를 표시하므로 사람 이외의 배경은 투명하게 설정하면 다른 이미지 위에 복사할 때 사람 부분만 나타나도록 할 수 있어서 컴퓨터 디자인 분야에서 많이 사용됩니다.

bmp 파일은 raw 파일과 유사하게 이미지를 압축하지 않고 원본 픽셀들의 값을 그대로 저장하는 이미지 파일 방식입니다. bmp 파일은 디지털 카메라에서 사용되기 보다는 윈도우 운영체제의 '그림판'과 같은 소프트웨어에서 주로 사용하는 파일 형식입니다.

비디오의 720p나 1080p와 같은 화질 표시의 의미는?

비디오 화질을 표시할 때 720p, 1080p와 같은 표기를 접하게 됩니다. 인터넷을 통해 비디오를 시청할 때도 이와 같은 표기를 볼 수 있습니다. 숫자가 높을수록 좋을 것으로 느껴지기는 하지만, 이 수치들이 정확히 무엇을 의미하는지는 모르고 시청하는 경우도 많을 것입니다.

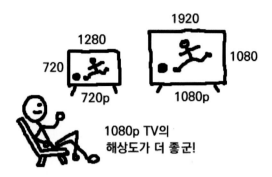

720p와 1080p 해상도

　720p는 화면의 크기가 1280 x 720의 화소 수로 구성되는 화면을 의미합니다. 이 화면 크기 표시에서 세로 수치를 이용하여 720p로 표시합니다. 여기에서 p는 Progressive Scan의 의미인데 본 절의 주제와는 관련이 없는 개념이니 설명은 생략합니다. 조금 과거에는 HD TV라는 표현이 흔히 사용되곤 했는데, 여기에서 HD(High Definition)는 화질이 720p인 것을 의미합니다.

　1080p는 화면의 크기가 1920 x 1080의 화소 수로 구성되는 화면을 의미합니다. 이 화면 크기 표시에서 세로 수치를 이용하여 1080p라고 표현합니다. 1080p는 몇 년 전까지 흔히 사용되는 FHD(Full High Definition) TV의 화질을 의미합니다.

　당연히 1080p의 화질이 720p의 화질보다 우수합니다. 즉, Full HD의 화질이 HD의 화질보다 우수한 것입니다.

UHD, 4K, 8K 영상이란?

최근에 TV를 구입할 때는 UHD, 4K, 8K라는 표기를 흔히 볼 수 있습니다. 좋은 화질을 의미하는 것 같기는 한데 앞 절에서 알아본 720p, 1080p와는 표기가 달라서 혼란스러울 수가 있습니다.

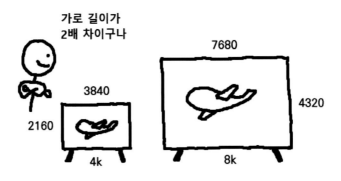

4K와 8K 해상도

4K 화질은 3840 x 2160 화소 수의 화면을 의미합니다. 가로 방향 화소 수가 약 4000에 가까워서 4K라고 줄여서 표현을 합니다. K는 1000을 의미하는 단위입니다. 8K 화질은 7680 x 4320 화소 수의 화면을 의미합니다. 가로 방향의 화소 수가 약 8000에 가까워서 8K라고 줄여서 표현을 합니다. 참고로 디지털 시네마 표준에서는 UHD, 4K, 8K의 해상도 수치를 약간 다르게 사용하지만 , TV 등 일반적인 분야에서는 위 설명의 수치를 사용하고 있습니다.

당연히 8K 화질이 4K 화질보다 우수합니다. 4K나 8K 화질을 UHD(Ultra High Definition)라고 부릅니다. 4K는 4K UHD에 해당되며, 8K는 8K UHD에 해당됩니다.

현재 본 글을 쓰는 시점에서 4K 영상 콘텐츠는 어느 정도 영화 등에서 일반화되어 활용되고 있는 반면, 8K 영상은 특별한 주제의 고화질 분야에서 주로 사용되고 있는 상황입니다.

동영상은 왜 스트리밍한다고 하나?

'동영상 스트리밍 서비스'라는 말을 흔히 들어볼 수 있습니다. 인터넷을 통하여 영화를 제공하는 것도 동영상 스트리밍 서비스의 일종입니다. 영화 콘텐츠 파일은 서버라고 부르는 컴퓨터에 멀리 위치해 있습니다. 동영상 스트리밍 서비스는 서버에 위치한 동영상 데이터를 인터넷을 통하여 컴퓨터나 스마트폰과 같은 사용자의 기기로 보내는 것을 의미합니다.

스트림(stream)은 영어 명사로는 시냇물의 의미하며 동사로는 흘려보낸다는 의미를 가집니다. 서버는 동영상의 일부분을 계속 사용자의 기기로 흘려보내기 때문에 동영상 스트리밍이라는 표현을 사용합니다. 여기에서 중요한 점은 서버에서 사용자의 기기로 전체 동영상을 한 번에 모두 전송하는 것이 아니라는 점입니다. 사용자의 기기에서 현재 재생되고 있는 부분의 동영상 데이터를 사용자의 기기로 흘려보냅니다. 사용자의 기기는 흘러온 데이터를 모아서 해당 부분의 동영상을 재생하는 방식을 반복합니다. 이것이 인터넷을 통해서 영화를 감상하는 원리입니다.

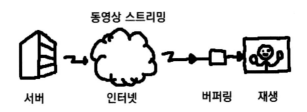

동영상 스트리밍 단계

사용자의 기기에서 영화의 일정 부분을 재생하기 위해서는 서버에서 스트리밍해주는 데이터를 어느 정도 모은 후에 재생합니다. 이 때 데이터를 어느 정도 모으는 동작을 버퍼링(buffering)이라고 부릅니다. 이 버퍼링 시간 때문에 동영상 스트리밍에서는 동영상을 보내주는 쪽과 재생하는 쪽에서는 약간의 시간차(딜레이)가 발생합니다.

동영상이나 음악 재생을 위해서는 왜 코덱이 필요한가?

컴퓨터나 스마트폰에서 동영상 재생을 시도할 때 '코덱'이 없어서 재생을 할 수 없다는 메시지를 만날 때가 있습니다. 때로는 해당 코덱을 구매하라는 메시지를 보기도 합니다. 이 메시지는 운영체제별, 재생 소프트웨어 별로 일정하지가 않아서 컴퓨터에 친숙하지 않는 사용자 입장에서는 당황스러울 때가 있습니다.

코덱은 영어로는 CODEC이라고 표기합니다. CODEC은 코더(Coder)와 디코더(Decoder)의 줄임말입니다. 이전의 절에서 압축이라는 개념에 대해서 알아보았었습니다. 코더는 동영상을 압축하는 기능을 담당합니다. 디코더는 압축된 동영상을 압축 해제하는 기능을 담당합니다. 따라서 어떤 영화 파일을 재생하려면 그 컴퓨터에 해당 코덱이 설치되어 있어야 압축된 영화 파일을 풀어서 화면에 출력할 수가 있습니다.

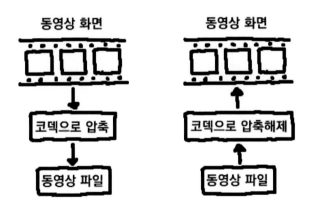

코덱의 역할

한편, 코덱의 세계는 조금 복잡합니다. 수십 년의 세월 동안 코덱 기술이 발전해 오면서 여러 단체, 회사 등 간의 이해관계에 따라 운영체제나 소프트웨어별로 사용이 가능한 코덱과 사용이 불가능한 코덱이 존재하는 복잡한 상황이 만들어졌습니다. 어떤 코덱은 무료이고 어떤 코덱은 유료이기도 합니다. 그래서 가끔 재생할 수 없는 동영상을 만나게 되는 것입니다.

컴퓨터에서 일반적으로 사용하는 무료 동영상 플레이어들은 대부분 GPL이라는 공개 라이선스를 사용합니다. 동영상 플레이어들이 무료인 것은 그 동영상 플레이어들이 GPL 방식의 공개 코덱을 사용하기 때문입니다. 무료 플레이어들은 대부분 다양한 공개 코덱을 내장하기 때문에 영화를 재생할 때 코덱과 관련된 문제를 만날 경우가 드물 것입니다. 하지만 운영체제에 포함된 동영상 플레이어들은 특정 회사의 유료 제품에 포함되기 때문에 무료 코덱이 내장되어 있지 않는 경우가 있어서 유료로 해당 코덱을 구입하라는 안내 메시지를 보게 되기도 합니다. 이 문제는 특별한 해결책이 있다기보다는 위의 내용을 참고로 어떤 플레이어를 사용하여 동영상을 재생할 것인지를 사용자가 선택하여 해결할 수 있습니다.

06

내 컴퓨터를 지키는

보안 상식

패스워드 길이는 어느 정도면 적당할까?

인터넷을 사용할 때 패스워드는 필수적인 요소이면서도 관리가 매우 어려운 정보이기도 합니다. 웹 사이트의 회원가입 등에 사용하는 패스워드는 웹사이트마다 패스워드의 길이, 포함 문자 등의 요구 사항이 달라 매번 다르게 만드는 일이 발생하기 때문에 등록해 놓은 패스워드를 모두 기억하기가 어렵습니다. 그렇다고 별도로 메모를 해놓기도 정보 유출이 걱정됩니다. 이는 정보화 사회에서는 아직 피해 갈 수 없는 불편함일 것입니다. 이번 절에서는 패스워드의 형태에 따른 안전성 면을 살펴볼 것입니다.

안전한 패스워드를 만들 때는 유추하기 어려운 문자들을 사용하는 것이 가장 기본입니다. 자신이나 반려동물의 이름, 집이나 직장 전화번호, 주소 등과 같이 자신과 밀접한 정보를 이용한 문자들은 물론 과일, 동물, 제품, 회사 등 유추가 가능한 이름을 사용하면 패스워드의 추측 가능성이 높아집니다. 안전한 패스워드를 만들기 위한 방법 중의 하나는 다양한 문자를 포함시키는 것입니다. 알파벳 문자로만 구성된 패스워드는 알파벳 글자들만 조합해가며 패스워드 유추 공격을 할 수 있습니다. 하지만 숫자나 특수 기호까지 함께 포함된 패스워드는 패스워드를 추측하기 위해 조합해야 할 경우의 수가 매우 많아져 패스워드가 더 안전해 집니다.

패스워드 안전성 시험 (출처: https://www.security.org/how-secure-is-my-password/)

패스워드를 만들 때 고려해야 할 또 하나의 중요한 사항은 패스
워드의 길이입니다. 앞에 설명된 사항들도 패스워드를 안전하게 만
들어 주지만, 패스워드의 길이는 패스워드의 안전에 있어서 가장 중
요한 요소입니다. https://www.security.org/how-secure-is-my-
password/ 웹사이트를 방문해 보면 패스워드를 입력해보고 얼마나
안전한지를 테스트해 볼 수 있습니다. 혹시 테스트를 해볼 경우에는
실제 자신이 사용하는 패스워드를 입력하지 말고 형태가 유사한 가
상의 패스워드를 입력하여 테스트해 보기를 권합니다. 이 웹사이트
에 'aqjm1324'와 같은 패스워드를 입력하면 1분 이내 풀리는 수준
이라는 결과(그림 참조)를 보여줍니다. 'aqjm1324htks9237'와 같이 16

글자의 패스워드를 입력하면 이 패스워드를 푸는데 6백만 년이 걸린다는 결과를 볼 수 있습니다. 패스워드의 길이는 불과 2배의 차이지만, 이를 유추하는데 걸리는 시간은 비교할 수가 없을 정도로 길어집니다. 참고로 위 웹사이트는 본서를 집필하는 시점에 작동을 확인하였는데 향후에 접속이 되지 않을 경우에는 유사한 웹사이트를 검색해보면 될 것입니다.

위 결과는 한 대의 컴퓨터로 패스워드를 푸는 시간을 보여줍니다. 컴퓨터의 사양에 따라서는 차이가 발생할 수 있겠지만, 위 테스트에서 알 수 있는 점은 패스워드의 길이는 매우 중요한 요소라는 것입니다. 패스워드의 길이가 길어지면 암기하기가 어려울 수도 있지만, 자신만의 규칙이나 문장 등을 이용한다면 기억이 보다 쉬워질 것입니다.

랜섬웨어란 무엇인가?

최근에는 랜섬웨어 공격과 관련된 뉴스를 자주 볼 수 있습니다. 랜섬(ransom)은 영어로 '몸값'이라는 의미입니다. 인질을 잡고 몸값을 요구하는 경우에 사용되는 단어입니다. 해커들은 목표로 하는 컴퓨터에 랜섬웨어를 설치합니다. 랜섬웨어를 설치하는 방법은 매우 다양합니다. 컴퓨터 사용자에게 이메일을 보내어 열어보게 하는 방법도 있고, 웹사이트 게시판이나 SNS 등을 방문하도록 유도해 랜섬웨어에 감염된 파일을 다운로드 받도록 할 수도 있습니다.

랜섬웨어

랜섬웨어에 걸린 컴퓨터의 데이터는 해커가 설정한 방법에 의하여 암호화됩니다. 데이터가 암호화되면 컴퓨터의 작동이 어려워지거나 하드디스크 내의 데이터를 전혀 사용할 수 없게 됩니다. 예를 들어 개인용 컴퓨터의 경우라면 워드, 엑셀, 파워포인트 등의 파일이 모두 암호화되어 사용할 수 없게 될 것입니다. 웹서버용 컴퓨터라면 서버 내의 웹페이지가 모두 암호화되어 웹서비스가 마비될 것입니다.

데이터 암호화로 인해 컴퓨터가 마비되면 해커는 이를 풀어주는 대가로 돈을 요구합니다. 해커가 암호를 해제해주지 않으면 그 컴퓨터는 사용할 수 없는 상태가 되어 초기화를 할 수밖에 없습니다. 물론 데이터도 모두 사라지게 됩니다. 그런데 해커에게 요구하는 돈을 지불하더라도 해커가 암호를 모두 해제해 줄지는 해커의 마음입니다. 해커가 암호를 해제해 준다고 하더라도 모든 데이터에 걸린 암호를 완벽히 풀 수 있을지도 알 수 없습니다. 이런 랜섬웨어에 의한 대형 피해가 국내에서도 발생한 경우가 많으니 주의가 필요합니다.

랜섬웨어는 이미 감염된 후에는 복구가 매우 어려워지니 최선의 예방책은 랜섬웨어에 걸리지 않는 것입니다. 의심스러운 이메일에 첨부된 파일이나 각종 웹사이트에서 다운받은 파일을 열어보는 일은 최소화하고, 꼭 열어볼 필요가 있는 경우에는 바이러스 검사를 먼저 하는 것이 안전합니다. 다행히 최근에는 여러 바이러스 백신들이 랜섬웨어를 탐지하는 기능을 갖추고 있으니 컴퓨터 백신을 항상 점검하는 것이 중요합니다.

하드디스크 내의 데이터를 완전히 삭제하는 방법은?

컴퓨터를 사용하다 보면 업무상 사용자가 변경되거나, 컴퓨터를 다른 사람에게 판매를 하는 경우가 발생합니다. 혹은 업무상 사용 기한이 지난 컴퓨터를 파기하기도 합니다. 이 모든 경우에 있어서 자신이 사용하던 하드디스크에 남아있는 데이터에 대한 보안 사항을 고려해야 합니다.

하드디스크 내의 파일을 단순히 삭제하는 것만으로는 타인이 특별한 소프트웨어를 사용하여 다시 되살릴 수도 있기 때문에 안전한 상태는 아닙니다. 단순 파일 삭제 기능은 실제 파일의 데이터를 모두 삭제하는 것이 아니고 해당 파일 영역은 삭제된 것이라고 표시만 해놓은 상태입니다.

하드디스크 전체를 포맷하는 방법은 조금은 더 안전합니다. 하드디스크를 포맷할 때 윈도우의 경우 '빠른 포맷'이라는 선택 사항이 있는데 빠른 포맷을 선택해 놓으면 포맷은 빨리 진행되지만 실제 하드디스크의 데이터를 모두 삭제하는 것이 아니고 하드디스크에 대한 정보 영역만 초기화하는 것이므로 실제 데이터는 그대로 남아있게 됩니다. 빠른 포맷이 아닌 일반 포맷을 하면 하드디스크의 데이터를 삭제하며 하드디스크 전체를 정리하므로 빠른 포맷보다는 안전합니다.

한편 일반포맷을 하여 하드디스크의 데이터를 모두 삭제했다고 하더라도 완전히 안심할 수는 없습니다. 기존 데이터의 물리적 흔적이 남아있을 수도 있기 때문입니다. 여전히 특수한 소프트웨어를 사용하여 복구할 가능성이 남아있습니다.

하드디스크의 복구를 거의 불가능하도록 만들기 위해서는 데이터의 흔적이 남아있지 않도록 여러 번 무작위 데이터로 덮어쓰는 방법이 필요하며, 이런 기능을 하는 여러 소프트웨어가 있습니다. 하지만 일반적인 용도에서 이런 수준까지 하드디스크를 삭제해야 하는 경우가 흔하지는 않을 것입니다. 자신의 보안 요구사항에 맞게 삭제 방법을 선택하여 사용하면 될 것입니다. 이런 과정이 복잡하기 때문에 회사나 기관에서 컴퓨터를 파기할 때는 아예 드릴로 하드디스크에 구멍을 내는 방식으로 물리적인 파기를 합니다. 사실 이런 물리적인 파기 방법이 데이터 보안면에서는 가장 안전합니다. 단, 이런 경우 하드디스크의 재활용이 불가능하다는 단점도 발생합니다.

CCTV와 IP 카메라는 같은 것인가?

범죄 예방이나 시설 관리를 목적으로 은행, 회사, 식당, 거리 등에 설치되어 있는 카메라를 흔히 볼 수 있습니다. 이런 카메라들을 통칭 CCTV라고 부르곤 합니다. 한편으로는 IP 카메라라는 기기명도 자주 언급됩니다. CCTV와 IP 카메라는 동일한 의미일까요? 다른 것일까요? 보통 식당, 가게 등에 설치되어 있는 카메라는 CCTV일까요? IP 카메라일까요?

CCTV는 폐쇄 회로 TV(Closed Circuit TV)의 줄임말입니다. 여기에서 폐쇄라는 의미는 여러 대의 카메라와 그 카메라들을 관리하는 장치 등이 자체적으로 폐쇄된 형태라는 의미입니다. 원래 의미의 CCTV는 외부로는 연결이 되어있지 않으며 아날로그 방식의 비디오 신호를 사용합니다. 해당 회사, 기관 등의 내에서만 별도 회선망으로 운영되기 때문입니다.

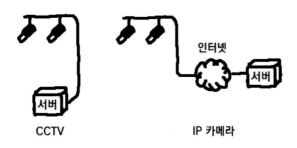

CCTV와 IP 카메라

한편, IP 카메라는 인터넷에 연결되어 작동합니다. 그리고 그 카메라를 관리하는 서버도 인터넷으로 연결되어 있습니다. IP 카메라의 설치는 간편하며 비용도 저렴합니다. 카메라에 연결되는 선로를 따로 구축하지 않아도 되기 때문입니다. IP 카메라를 설치한 후 단순히 인터넷에 연결하면 설치가 끝나고 서버로의 연결도 완료됩니다. 보안적인 면에서는 어떨까요? IP 카메라는 인터넷에 연결되어 있는 형태이므로 IP 주소만 알면 누구나 접근이 가능하다는 특성이 있습니다. 비인가 사용자의 접근을 차단하기 위하여 IP 카메라에는 패스워드를 사용합니다. 그런데 이 패스워드가 해킹이 되기도 하고, 1234와 같이 너무 쉬운 패스워드가 설정되어 있기도 하고, 관리자용 패스워드가 유출되기도 하는 등 IP 카메라와 관련된 보안 사고의 발생 사례를 많이 볼 수 있습니다.

식당과 같이 일상생활에서 흔히 볼 수 있는 카메라는 IP 카메라가 많습니다. 가정에서도 보안이나 반려동물 관리용으로 카메라를 설치하여 사용하는 경우가 있는데 이 경우도 대부분 IP 카메라입니다. 최근에는 아파트의 벽에 붙어 있는 월패드에도 카메라가 포함되어 있는 경우가 많은데 이 또한 IP 카메라가 많습니다. IP 카메라를 사용할 때는 패스워드 설정이 적정하게 되어 있는지 기타 관리는 잘되고 있는지 등의 확인이 중요할 것입니다. 참고로 CCTV라는 용어는 원래의 정의와는 별개로, 일상에서는 대부분의 보안 카메라를 부르는 통칭으로 사용되고는 있습니다.

좀비 PC와 디도스(DDos) 공격

방송이나 신문에서 은행, PC방, 정부 기관 등이 디도스(DDos) 공격을 받았다는 뉴스를 가끔 접하게 됩니다. DDos는 일상에서 흔히 사용되는 용어가 아니기 때문에 정확히 어떤 의미의 공격인지 이해가 어려울 수도 있습니다. DDos 공격과 함께 등장하는 용어가 좀비 PC라는 용어입니다.

DDos 공격은 분산 서비스 거부 공격(Distributed Denial of Service Attack)을 의미합니다. 어떤 서버를 대상으로 분산되어 있는 여러 클라이언트(예: PC)들이 동시에 접속을 시도하도록 하면 서버에서는 동시에 처리할 수 있는 용량을 넘어서게 되어 서비스 불능 상태에 빠집니다. 이 상태가 되면 기관의 서버 운영도 불가능해지고 선의의 사용자들이 접속할 수 없게 되는 피해가 발생합니다.

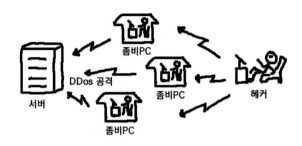

DDos 공격

이런 DDos 공격이 가능하기 위해서는 공격을 시도할 수많은 컴퓨터들이 필요합니다. 많은 수의 컴퓨터를 해커가 직접 만들기는 어렵습니다. 그래서 해커는 평소에 DDos 공격에 사용할 여러 컴퓨터들을 DDos 공격용 바이러스로 감염시켜 놓습니다. 이때 감염되는 PC를 속칭 '좀비 PC'라고 부릅니다. 해커들은 좀비 PC로 만드는 바이러스를 각종 웹사이트, 이메일, SNS 등에 배포해놓습니다. 사용자들이 이를 접촉할 경우 그 사용자들의 PC 내에 바이러스가 잠복하여 DDos 공격을 준비하는 좀비 PC가 됩니다.

DDos 공격을 개시할 시점이 되면 해커는 명령을 내리며, 수많은 좀비 PC들은 목표로 하는 서버를 향해 일제히 접속을 시도합니다. 수많은 좀비 PC들의 접속 요청에 의하여 서버는 용량 초과 상태가 되어 서비스 불능 상태에 빠지게 됩니다.

DDos 공격을 막기 위한 여러가지 방법들이 시도되는 있지만, DDos 공격을 원천적으로 차단하기는 어렵습니다. 접속을 시도해오는 PC가 정당한 사용자인지를 판단해야 하는데, 이를 위해서는 일단 접속을 받아야 하기 때문입니다. 접속을 받는다는 것 자체가 서버에 부담이 되는 것이죠. 자신의 PC가 좀비 PC로 되는 것을 막기 위해서는 최신 업데이트 백신을 사용하고 의심되는 파일을 자신의 컴퓨터에서 사용하지 않는 지속적인 관심이 중요합니다.

브루트 포스(Brute Force) 공격이란?

브루트 포스 공격은 앞에서 살펴본 안전한 패스워드의 주제와 관련이 있습니다. 예를 들어 어떤 워드 파일을 패스워드를 사용하여 암호화해서 저장했다고 가정해보죠. 해커가 이 워드 파일을 열어보기 위해서는 모든 경우의 패스워드를 조합하여 대입해보게 됩니다. 이렇게 모든 조합의 패스워드를 만들어 시도하는 공격을 브루트 포스 공격이라고 합니다. 브루트 포스 공격으로부터 안전하기 위해서는 안전한 패스워드를 사용하는 것이 최선책입니다.

웹사이트에서는 로그인에 대한 브루 트포스 공격을 막기 위하여 최대 로그인 시도 횟수에 제한을 두거나 다시 로그인을 하기 위해서는 일정 시간을 기다리도록 하는 방식을 사용하기도 합니다. 스마트폰의 경우에도 일정 횟수의 비밀번호 해제 실패 후에는 일정 시간을 기다리도록 하여 브루트 포스 공격을 예방하는 방법을 쓰고 있습니다.

의심스러운 이메일에 첨부된 파일을 열어보면 위험한 이유

컴퓨터를 사용할 때 중요한 보안 사항 중의 하나는 이메일에 첨부된 의심스러운 파일을 열어보지 않는 것입니다. 예를 들면 엑셀, 워드 등과 같은 일상적인 업무 파일이 이메일에 첨부되어 오기도 합니다. 일반적으로 생각할 때는 엑셀이나 워드와 같은 파일 내에는 숫자나 문자와 같은 데이터만 있을 텐데 왜 위험한 일이 발생하는지 혼란스러울 수도 있습니다.

이메일 보안

이메일에 포함되어 있는 파일 중 가장 유의해야 할 경우는 실행파일입니다. 실행 파일은 파일 이름에서 확장자 부분이 .exe로 되어 있는 파일입니다. 만약 이 파일을 해커가 만들어 놓은 경우라면 실행되면서 컴퓨터 내에 바이러스를 퍼뜨릴 수도 있고 악성 코드를 설치할 수도 있습니다. 또한, 컴퓨터 내의 데이터가 유출될 수도 있고, 좀비 PC가 될 수도 있습니다. 첨부된 파일이 실행파일이 아니더라도 이메일에는 악성 링크가 포함될 수도 있습니다. 사용자의 클릭을 유도하여 바이러스 등이 포함된 웹사이트에 연결할 수가 있기 때문에 신뢰할 수 있는 링크인지를 확인하는 것이 매우 중요합니다.

그렇다면 이메일에 첨부된 파일이 실행 파일이 아니고 엑셀이나 워드 등과 같은 사무용 파일인 경우에는 어떤 위험이 있을 수 있을까요? 엑셀이나 워드 혹은 유사한 종류의 오피스 종류의 소프트웨어의 파일에는 데이터 이외에 매크로라는 프로그램 코드가 존재할수 있습니다. 매크로는 문서 작업의 효율을 높이기 위하여 오피스종류의 소프트웨어에 포함되는 코딩 기능입니다. 매크로는 좋은 목적의 도구입니다. 하지만 해커는 유해한 매크로를 만들어 오피스 종류의 파일에 넣고 이를 첨부하여 이메일을 보낼 수가 있습니다. 유해한 매크로가 첨부된 파일을 열게 되면 컴퓨터가 바이러스나 악성코드에 감염될 수가 있습니다. 보통 해커들은 이메일 제목에 '견적서', '연말 정산 결과' 등 관심도가 높은 제목을 사용합니다. 이런 이메일을 받은 사용자들은 무심코 첨부파일을 열어볼 가능성이 높아집니다. 따라서 이메일 첨부파일을 열 때는 이메일을 보낸 사람이 신뢰할 수 있는 사람인지에 대한 확인이 매우 중요합니다.

공용 PC를 사용할 때 위험한 점

컴퓨터를 PC방, 실습실, 역이나 버스 터미널의 대합실 등의 공용 환경에서 사용할 때가 있습니다. 공용 PC를 사용할 때는 어떤 점을 유의해야 할까요? 물론 개인적인 데이터를 공용 PC에 복사해서는 안된다는 정도는 쉽게 알 수 있습니다. 공용 PC를 사용할 때 눈에 쉽게 보이지 않는 위험 요소에 대해서 알아보겠습니다.

공용 PC에는 누군가의 부주의 혹은 고의에 의해서 설치되어 있는 바이러스가 있을 수 있습니다. 바이러스가 존재하는 상태에서 파일을 작성하여 이메일 등으로 송부한다면 바이러스가 전파될 수 있습니다. 만약 바이러스가 사용자의 키보드 타이핑 내용을 저장하는 경우에는 자신이 방문한 웹사이트의 ID와 패스워드가 유출될 수도 있을 것입니다. 따라서 공용 PC의 관리 주체가 믿을 수 있는 대상인지, 그리고 사용하는 PC에 백신은 설치되어 있는지를 확인하는 것이 바람직할 것입니다.

공용 PC를 사용하여 특정 웹사이트에 로그인한 후 컴퓨터를 사용하다가 로그아웃을 하지 않고 자리를 뜨는 일도 종종 발생합니다. 그 다음에 그 PC를 사용하는 사람은 앞사람의 ID로 로그인된 웹사이트의 내용을 볼 수 있을 뿐만 아니라 그 웹사이트 권한을 탈취할 수도 있을 것입니다. 이런 실수는 의외로 많이 발생하니 주의할 필요가 있습니다.

웹브라우저를 사용하여 여러 웹사이트를 방문하는 경우에는 방문 경로가 웹브라우저에 저장됩니다. 이 정보 자체는 크게 위험하지 않을 수도 있지만, 자신의 인터넷 방문 경로가 타인에게 노출된다는 것은 개인정보 문제일 수도 있고 업무상 연관 웹사이트의 목록이 유출될 수도 있으니 주의해야 할 정보라고 할 수 있습니다.

크롬 웹브라우저의 새 시크릿 창 메뉴

공용 PC를 사용할 때는 웹브라우저에서 제공하는 사생활 보호 창 모드를 사용하는 것이 보다 안전합니다. 사생활 보호창은 작업표시줄에 나타난 웹브라우저 아이콘을 마우스 우측버튼으로 누른 뒤 해당 메뉴를 선택하면 됩니다. 글을 쓰는 현 시점에 크롬 웹브라우저는 '새 시크릿창', 파이어폭스는 '사생활 보호창', 엣지는 '새 Private 창'이라는 각각의 명칭을 가지고 있습니다. 명칭은 서로 다르지만, 이들은 서로 유사한 기능을 하며 사생활 보호창이 열리면 새로운 웹브라우저 모양이 나타납니다. 이 창에서는 검색 내용이나 ID, 패스워드 입력 내용 등이 저장되지 않기 때문에 공용 PC에서는 권장되는 방식입니다.

07

업무에 도움이 되는

네트워크 상식

망분리란 어떤 개념이며 왜 필요할까?

    회사 등의 기관에서 업무상 인터넷을 사용하다 보면 '망분리'라는 용어를 자주 듣게 됩니다. 망분리는 네트워크를 통한 외부의 공격으로부터 내부 네트워크망을 보호하기 위한 개념입니다. 보통 컴퓨터를 바이러스나 외부의 공격으로부터 보호하기 위하여 컴퓨터에 바이러스 백신 프로그램을 사용하고는 합니다. 하지만 백신마다 방어 능력에도 차이와 한계가 있기 때문에 백신만으로는 외부로부터의 공격을 완벽하게 막아내기는 어렵습니다. 망분리라는 개념은 회사나 기관의 내부망을 외부 네트워크로부터 아예 분리하여 외부의 공격을 원천적으로 차단하는 방식입니다.

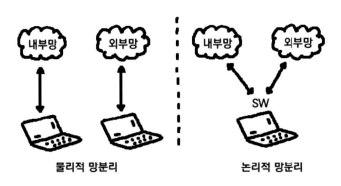

망분리 개념

    망분리의 방식은 '물리적 망분리'와 '논리적 망분리'로 나눌 수 있습니다. 물리적 망분리는 매우 간단한 개념입니다. 물리적 망분리 방식에서는 물리적으로 외부 네트워크와 내부 네트워크를 아예 분리하여 구성합니다. 예를 들어서 군대와 같이 높은 보안이 요구되는 기관에서는 외부와 분리된 내부망을 별도로 구축해서 사용하여 외부로부터의 접속이 물리적으로 불가능하도록 합니다. 따라서, 내부 네트워크를 사용하는 컴퓨터에서는 인터넷과 같은 외부망으로의 접속이 불가능합니다. 외부 인터넷을 사용하기 위해서는 외부망에 연결된 별도의 컴퓨터를 사용해야 합니다.

논리적 망분리 방식에서는 물리적으로 분리된 내부 네트워크가 따로 존재하지는 않습니다. 논리적 망분리 방식에서는 가상적으로 소프트웨어적인 방법을 통하여 특정 회사나 부서 내의 컴퓨터 간에만 통신이 가능하도록 네트워크를 구성합니다. 논리적으로 분리된 서로 다른 네트워크망으로는 서로 통신이 이루어지지 않도록 구성이 이루어집니다. 즉, 물리적으로 네트워크는 하나지만, SW에 의하여 내부와 외부 네트워크가 구분되는 것입니다.

네트워크에서 라우터란 어떤 기능을 할까?

인터넷은 전 세계에 걸쳐 연결되어 있는 네트워크 망입니다. 인터넷에 연결되어 있는 컴퓨터의 수는 수 십억 대 이상일 것입니다. 인터넷이라는 전 세계를 연결하는 네트워크 통로에 수많은 컴퓨터가 데이터를 동시에 보내면 네트워크가 감당할 수 있는 속도를 넘어서게 되어 동작이 불가능해질 것입니다.

회사나 대학 혹은 그 내부의 각 부서나 건물 단위에 속해있는 컴퓨터들은 네트워크를 빠져나가거나 들어오는 출입구 역할을 하는 장비에 연결되어 있습니다. 이 장비를 '라우터'라고 부릅니다. 이 라우터는 네트워크에서 데이터가 이동하는 길을 찾아 주는 역할을 합니다. 대학을 예를 들어보면 하나의 건물 내부에 있는 컴퓨터 간에 이동하는 데이터의 경우에는 라우터가 건물 외부의 네트워크로 전달하지 않습니다. 한편, 하나의 건물 내의 컴퓨터에서 다른 건물에 있는 컴퓨터로 전송되는 데이터의 경우에는 라우터가 해당 건물 밖으로 데이터를 보내 줍니다. 이때 건물 간에 전송되는 데이터는 학교 밖으로는 나갈 필요가 없기 때문에 학교 외부로 연결되는 라우터에서는 학교 밖으로 데이터를 전송하지 않습니다. 만약 어떤 데이터가 학교 외부의 인터넷으로 전달되는 데이터라면 학교 라우터는 학교 밖으로 데이터를 전송합니다. 이런 방식으로 라우터라는 장치는 네트워크를 구성하는 그룹 간에 전달되는 데이터의 길을 찾아 주는 역할을 하며 모든 데이터를 인터넷 전체로 보내지는 않기 때문에 인터넷이라는 거대하게 상호 연결된 네트워크망이 동작할 수 있게 해줍니다.

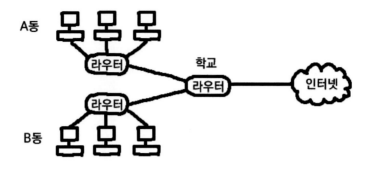

라우터 구성

라우터는 앞의 예와 같이 반드시 건물이나 부서만을 단위로 구성되지는 않습니다. 라우터 구성에 따라서는 건물 단위가 아닌 층별 단위로 라우터가 존재할 수도 있습니다. 이는 네트워크에 연결된 컴퓨터의 수나 기관에서 요구하는 네트워크의 속도, 비용 등 여러 가지 요소가 고려되어 결정됩니다. 만약 한 라우터에 고장이 발생하면 이 라우터에 연결된 컴퓨터들은 네트워크 사용이 불가능해집니다. 또한 여러 라우터 간의 연결도 위 그림 이외에 다양한 형태가 사용되고 있습니다.

윈도우의 방화벽

방화벽(firewall)은 건물에서 화재가 발생할 때 더 이상 불이 번지지 못하도록 구역별로 설치되어 있는 화재 차단 장치입니다. 네트워크에서도 이와 유사하게 어떤 데이터가 네트워크를 통과하지 못하도록 차단하는 기능을 네트워크 방화벽이라고 부릅니다. 네트워크 방화벽은 운영체제나 시스템별로 다양한 형태가 있으며, 윈도우 운영체제에서도 방화벽 기능을 제공합니다.

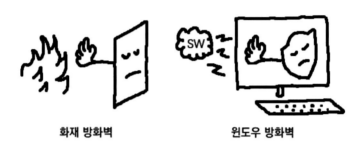

화재 방화벽　　　　　　　윈도우 방화벽

윈도우 방화벽

일반적인 컴퓨터 사용자 입장에서는 네트워크 방화벽을 직접 작동시키는 일이 많지는 않을 것입니다. 대신 가끔 윈도우 운영체제에 어떤 소프트웨어를 설치할 때 그 소프트웨어의 특정 네트워크 동작을 감지하고 윈도우가 사용자에게 차단할 것인지 사용할 것인지를 물어보는데, 이에 대한 사용자의 선택에 따라서 윈도우가 방화벽을 자동으로 설정해준다는 정도로 이해하면 충분할 것입니다.

조금 더 컴퓨터 사용이 능숙한 사용자의 입장에서는 윈도우의 설정 메뉴를 실행하고 검색창에 '방화벽'을 입력하여 검색한 후 방화벽을 클릭하면 방화벽 앱을 직접 실행시킬 수도 있습니다. 방화벽 앱에서는 어떤 기능들이 허용되어 있고 어떤 기능들이 금지되어 있는지를 직접 확인할 수 있습니다. 혹은 직접 특정 소프트웨어를 선택하여 네트워크 사용이나 금지 사항을 직접 설정할 수도 있습니다.

사설망이란?

네트워크를 사용하다 보면 '사설망'이라는 용어가 종종 등장합니다. 사설망은 영어로는 private network라고 부르며, 용어 그대로 의미를 해석하면 '사적으로 설치한 네트워크'로 생각할 수 있습니다.

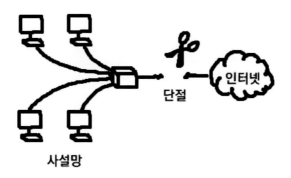

사설망

사설이라는 용어에서 알 수 있듯이 공용의 반대적인 의미를 가집니다. 인터넷은 전 세계가 연결된 공용망입니다. 그런데 외부 인터넷에 연결하지 않고 회사나 가정에서 내부적으로만 컴퓨터들을 연결하여 네트워크를 구성할 수도 있습니다. 기본적으로 사설망 네트워크상의 컴퓨터들은 외부 인터넷을 사용할 수는 없게 됩니다. 이렇게 외부와는 별도로 구성한 별개의 네트워크를 사설망이라고 부릅니다. 사설망은 여러 가지 목적으로 사용됩니다. 보안을 위해서 외부와는 분리하여 내부 통신만을 할 경우에 사설망을 구성할 수 있습니다. 또한 네트워크 개발 과정에서 내부적인 테스트를 위해서도 사설망을 만들어 사용할 수도 있습니다.

VPN도 사설망?

앞 절에서 사설망의 개념에 대해서 알아 보았습니다. 이 절에서 알아보는 VPN은 가상 사설망(Virtual Private Network)입니다. VPN은 실제 물리적으로 사설망을 구성하는 것이 아니고 전 세계에 걸쳐 연결되어 있는 인터넷 상에 가상으로 구축하는 사설망입니다. 즉, 물리적인 사설망이 아니고 소프트웨어적으로 만들어지고 관리되는 사설망이라고 할 수 있습니다. VPN은 가상의 사설망이지만 일반적인 사설망의 특징을 가지고 있는 만큼 허용된 사람만 사설망으로 접근이 가능합니다. 즉 공용 네트워크와 같이 아무나 접근할 수는 없는 개별적인 영역인 것입니다.

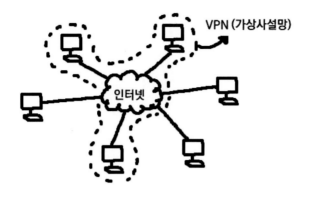

VPN

VPN의 장점을 생각해볼까요? VPN 내에서는 데이터가 암호화되어 전송되므로 해킹에 보다 안전합니다. VPN은 물리적 사설망이 아니므로 장소와 관계없이 회사나 기관의 사설망에 접속할 수 있어서 공간의 제약이 없습니다. VPN을 통해서 서버나 네트워크에 접속하면 우회하는 방식으로 접근이 가능하여 접속을 시도하는 컴퓨터의 지역적 위치를 감출 수도 있습니다.

해시값과 블록체인

'해시값'은 컴퓨터 분야에서 없어서는 안되는 매우 중요한 개념입니다. 해시값이라는 개념이 있어서 블록체인이라는 시스템도 만들 수 있고, 소프트웨어도 안전하게 다운로드 받을 수 있습니다. 특히 암호 분야에서 해시값 생성은 핵심 기능 중의 하나입니다.

해시값

해시(hash)는 영어로 '채를 썬다'라는 의미를 가지고 있습니다. 음식 중 해시브라운이라는 음식도 감자를 채로 썰어 버터 등에 갈색이 될 정도로 바삭하게 구워서 만듭니다. 해시는 어떤 주어진 데이터를 받아서 고유의 수로 만들어 주는 기능을 합니다. 예를 들어 어떤 영화 파일, 음악 파일, 패스워드 등을 해시 처리 하면 각각 고유의 숫자인 해시값을 만들 수 있습니다. 해시값은 계산 방식에 따라서 128비트 크기, 256비트 크기, 512비트 크기 등 다양한 크기의 숫자로 만들 수 있습니다. 중요한 점은 많은 종류의 데이터에 대해 해시값이 생성되더라도 서로 겹치지 않는 고유한 숫자의 해시값이 생성된다는 점입니다. 마치 주어진 데이터에 대해 신분증 번호를 만드는 것과도 유사합니다.

해시값은 고유할 뿐만 아니라 인위적으로 만들 수가 없으므로 위변조가 불가능합니다. 이런 특징 때문에 블록체인과 같은 기술에서 도 수많은 컴퓨터 내에 상호 공유하는 데이터의 위변조를 막기 위해 해시값이 사용됩니다. 각종 디지털 코인도 블록체인에 기반하므로, 결국 디지털 코인도 해시값이 있어서 사용이 가능한 것입니다.

컴퓨터에 소프트웨어를 다운로드하여 설치할 때가 있습니다. 이때 다운로드 받는 소프트웨어가 해커가 변형해놓지 않은 원래의 소프트웨어라는 것을 어떻게 알 수 있을까요? 소프트웨어를 제공하는 공식 웹사이트에서는 다운로드 대상인 소프트웨어 파일과 함께 이 정식 소프트웨어 파일에 대한 해시값을 함께 공지해놓는 경우가 많습니다. 이때 사용자는 소프트웨어를 다운로드 받으면서 그 소프트웨어에 대한 해시값을 확인할 수 있습니다. 그 후 윈도우 운영체제에 있는 기능을 통해 다운로드 받은 소프트웨어 파일에 대하여 해시값을 직접 생성해볼 수 있습니다. 이 해시값이 정식 사이트에 공지된 해시값과 일치하면 다운로드 받은 소프트웨어가 해커의 위변조가 없는 공식 소프트웨어 파일이라는 것을 증명해줍니다.

해시값은 위의 예 이외에도 암호화 소프트웨어나 서버 컴퓨터의 사용자 정보 관리 등 다양한 분야에 사용되는 중요한 기술입니다.

내 컴퓨터의 MAC 주소

현대는 인터넷이 일상생활에 보편화된 시대입니다. 인터넷의 사용과 함께 IP 주소라는 개념도 일상적인 용어가 되었습니다. 한편, 인터넷을 사용하는 모든 컴퓨터에는 MAC 주소라는 개념이 존재합니다. IP 주소만 있으면 인터넷을 통해 접근이 가능할 텐데, MAC 주소는 왜 필요하며 그 역할은 무엇일까요?

컴퓨터가 통신을 하기 위해서는 통신을 담당하는 네트워크 카드라는 부품이 컴퓨터에 장착되어 있어야 합니다. MAC 주소는 네트워크 카드의 신분증 번호라고 생각할 수 있습니다. 전 세계에 있는 수없이 많은 네트워크 카드는 서로 다른 MAC 주소를 가지고 있습니다. MAC 주소는 네트워크 카드 하드웨어에 내장되어 있습니다. 우리 주위에서 볼 수 있는 흔한 노트북 컴퓨터들도 내부에는 네트워크 카드(혹은 네트워크 회로)를 가지고 있으며, 고유한 MAC 주소가 공장에서 만들어질 때부터 네트워크 카드에 부여되어 있습니다. MAC 주소는 인터넷에 연결 여부와 관계없이 네트워크 카드 내에 존재하는 신분증과도 같은 것입니다.

MAC 주소는 내 컴퓨터
네트워크 카드에
고정되어 있는 주소구나

MAC 주소

이런 MAC 주소가 필요한 이유는 무선, 유선 네트워크 상의 전기적인 단계에서 데이터를 식별하고 받아들이기 위해서입니다. IP 주소는 인터넷상에서 해당 컴퓨터로 데이터를 배달하기 위한 길 찾기 용도로 사용됩니다. IP 주소는 인터넷에서 길을 찾아주는 주소이고, MAC 주소는 네트워크에 나타난 전기적 신호가 자신의 것인지를 해당 컴퓨터가 판단하기 위한 주소라는 정도로 이해해두면 되겠습니다.

08

안전한 인터넷 사용을 위하여

웹주소의 이름 앞에 붙는 http와 https 차이

인터넷을 사용하며 웹사이트를 방문하기 위해서는 웹브라우저 소프트웨어를 사용합니다. 웹브라우저의 주소창에는 접속하고자 하는 웹사이트의 웹주소를 입력합니다. 예를 들어 웹주소는 www.google.com과 같이 입력합니다. 그런데 이는 사용 편의상 입력하는 방식이고 정식 주소는 http://www.google.com과 같이 앞에 http:// 라는 표시가 붙습니다. 인터넷은 웹서비스만을 위하여 존재하는 네트워크는 아닙니다. 웹서비스 이외에도 파일전송(ftp), 원격접속(telnet) 등 다양한 목적으로 사용될 수 있습니다. http:// 표시는 서버에 접속할 때 서버에게 웹서비스를 받겠다는 표시입니다. 다른 예로 어떤 서버에 파일을 전송하는 서비스를 받고 싶다는 요청을 할 때는 ftp://xxx.xxx.xxx와 같은 식으로 주소 앞에 ftp://와 같은 표시를 사용합니다. 하지만 일반 사용자들의 입장에서는 웹서비스 이용이 인터넷 사용의 주 목적이므로 굳이 http://를 주소 앞에 붙이지 않더라도 당연히 웹브라우저가 웹서비스로 인식해서 처리해줍니다.

한편 http:// 이외에도 https://와 같이 's'가 하나 더 붙는 표기가 있습니다. 여기에서 's'는 secure 표시로서 보안을 의미합니다. 웹사이트를 방문하여 로그인 등을 할 때는 아이디, 패스워드와 같은 중요한 정보가 인터넷을 통해 서버에 전달됩니다. 때로는 신용카드 번호, 신분증 번호와 같이 높은 보안이 필요한 정보도 전송됩니다.

http:// 방식의 주소를 사용하는 웹사이트로 정보가 전송될 때는 암호화가 되지 않아 해커와 같은 제 3자가 중간에 정보를 가로채어 그 내용을 볼 수도 있습니다. 한편, https:// 방식의 주소를 사용하는 웹사이트로는 데이터가 암호화되어 전송됩니다. 아이디, 패스워드, 신용카드 번호는 물론 송수신되는 모든 데이터가 암호화되어 이동합니다. 이 경우에는 중간에 해커가 데이터를 가로채더라도 그 내용을 볼 수가 없어서 안전합니다. 따라서 접속하고자 하는 웹사이트의 주소가 앞에 https://를 사용한다면 안전한 웹사이트임을 의미합니다.

https://와 자물쇠 아이콘

기존에는 웹브라우저를 사용하는 사용자가 주소창을 확인하여 웹사이트 주소 형식이 http://인지 https://인지를 확인해야 했습니다. 하지만 컴퓨터 전문가가 아닌 일반 사용자들이 이런 주소 체계까지 이해하고 사용하기가 쉽지는 않았습니다. 최근에는 웹브라우저가 일반 사용자들이 쉽게 확인할 수 있도록 그림으로 표시를 해주는 경우가 많아졌습니다. 예를 들어 웹주소 방식이 https://이면 이 표기를 보여주지 않고 자물쇠 모양을 표시해 줍니다. 예를 들어 웹브라우저의 주소창에 자물쇠 표시가 있다면 그 주소는 https:// 방식이라고 이해하면 됩니다. 만약 자물쇠 표시가 없다면 그 웹주소는 http:// 방식이 됩니다.

웹브라우저에서 웹의 의미

최근에 주로 사용되는 웹브라우저로는 구글 사의 크롬, 마이크로소프트 사의 엣지, 모질라 재단의 파이어폭스 등이 있으며, 애플 사의 제품에서는 사파리도 많이 사용됩니다. 웹브라우저는 웹(web)을 브라우즈(browse)하는 소프트웨어입니다. '브라우즈'는 살펴본다는 의미이니 웹브라우저는 웹을 살펴보는 소프트웨어 정도의 의미를 가집니다.

웹

웹은 영어로 거미줄을 의미합니다. 물리적으로는 거미줄을 의미하지만 상징적으로는 전 세계를 거미줄과 같이 연결하고 있는 인터넷을 의미하고 있습니다. 그래서 웹브라우저는 전 세계에 연결된 인터넷을 탐색하는 소프트웨어가 됩니다.

암호화를 위한 대칭키와 공개키

과거에는 암호라고 하면 은행 통장 비밀번호 정도로만 사용되었습니다. 현재는 각종 웹사이트 이용 시 만든 아이디와 암호가 기억하기 어려울 정도로 많이 사용됩니다. 때로는 워드나 엑셀과 같은 파일을 저장할 때도 암호를 사용하기도 합니다. 일반적인 컴퓨터 사용에서는 암호라는 용어만 사용되지만, 보안 분야에서 암호는 대칭키와 공개키라는 두 가지 방식으로 나누어집니다. 대칭키와 공개키는 일상적인 용어와 약간 거리가 있지만 우리 일상의 매우 많은 부분을 차지하고 있는 개념입니다.

예를 들어 워드 파일에 암호를 걸어 저장하는 경우에 대해 생각해보겠습니다. 만약 저장할 때 암호가 'abc321'이라면 다시 그 파일을 열 때 해제 암호도 'abc321'이 됩니다. 이렇게 암호화를 할 때와 다시 해제할 때의 암호가 동일한 경우의 암호를 '대칭키'라고 부릅니다. 대칭이라는 이름에서 알 수 있듯이 암호화할 때와 해제할 때 대칭을 이루어 암호가 동일합니다. 일상생활에서 사용되는 대부분의 암호는 대칭키 방식이며, 대부분의 사람들이 사용하고 있는 친근한 방식입니다.

대칭키 방식은 매우 확실하고 사용이 쉬운 방식이지만 한 가지 문제를 가집니다. 예를 들어 미국에 살고있는 친구에게 중요한 문서를 암호화해서 보낼 일이 있다고 가정해 보겠습니다. 대칭키 방식을 사용하면 보내는 사람이 문서 암호화를 위해 사용한 암호를 미국에 있는 친구에게도 전달해야 하는데 그 방법이 마땅하지 않다는 점입니다. 암호를 전화로 전달해도 누군가 엿들을 가능성도 있고, 이메일로 전달해도 위험은 동일합니다. 손 편지로 암호를 보내도 누군가에게 유출될 수 있는 위험은 존재합니다. 대칭키는 혼자 사용은 편리하지만 누군가와 암호를 공유해야 할 경우에는 한계를 가집니다.

공개키 시스템

위와 같은 문제를 해결하기 위해 공캐키 개념이 나왔습니다. 공개키 방식은 미국에 있는 친구가 공개키와 개인키 두 개의 키를 가지는 개념입니다. 공개키는 세상 누구나 알 수 있도록 공개되어 있는 키입니다. 미국 친구의 공개키로 누구나 데이터를 암호화해서 미국에 있는 친구에게 보내면 됩니다. 공개키로 암호화한 데이터는 공개키로는 풀 수가 없습니다. 즉, 다른 사람에게 파일이 유출되어도 공개키만으로는 암호를 풀 수가 없으니 안전합니다. 미국에 있는 친구는 암호화된 파일을 받아 자신의 개인키로 암호를 풀 수 있습니다. 개인키는 미국 친구 혼자만 알고 있는 비밀스러운 키입니다. 이런 방식을 사용하면 데이터를 암호화하여 안전하게 전송할 수 있게 됩니다.

위의 예에서 살펴본 공개키는 암호화할 때와 해제할 때 키가 다르므로 비대칭키라고도 부릅니다. 일상생활에서 흔히 사용되고 있는 은행의 인증서에 바로 이 공개키 시스템이 사용됩니다. 대부분의 인증서, 웹브라우저 보안 등에서 공개키 시스템이 사용됩니다. 공개키는 우리 일상에서 매우 중요한 부분을 차지하고 있으니 공개키의 개념을 알아두면 컴퓨터 사용에 편리한 상식이 됩니다.

인터넷 업무에서 사용하는 인증서란?

물건을 구매할 때 정품을 보증하는 인증서를 받는 경우가 있습니다. 이 경우 인증서를 신뢰할만한 수준의 회사나 기관이 물건의 가치를 인증해주기 때문에 인증서를 믿을 수 있게 됩니다. 컴퓨터나 스마트폰에서 은행 거래를 할 때도 인증서를 필요로 합니다. 컴퓨터에서 사용하는 인증서는 무엇을 인증한다는 것이며, 누가 인증을 해주는 것일까요? 그리고 그 기관은 믿을 만한 기관일까요?

사용자가 은행과 같은 금융기관과 거래를 하기 위해서는 자신이 적법한 사용자라는 것을 증명(인증)해야 합니다. 컴퓨터나 스마트폰에서는 자신이 적법한 사용자라는 것을 증명하기 위하여 인증서라는 방식을 사용합니다. 앞 절에서 공개키와 개인키라는 방식에 대해서 알아보았었는데, 이 기술이 인증서에 사용됩니다.

사용자가 은행에 인증서 발급을 신청하면 은행은 신분증, 계좌번호 등을 확인한 후 국가적으로 신뢰받는 제 3의 인증기관에 인증서 발급을 요청합니다. 인증기관에서는 사용자의 개인키와 공개키를 만들어 줍니다. 이 과정은 기술적으로 약간 복잡한 흐름을 가집니다. 인증서를 위해 신청인의 개인키와 공개키가 생성된다는 정도로 이해하면 될 것입니다.

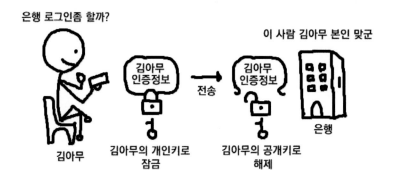

인증 절차

　사용자가 은행에 금융거래를 요청할 때는 인증서에 비밀번호를 입력합니다. 이때 자동으로 자신의 인증 정보가 자신의 개인키(인증서에 포함되어 있음)로 암호화되어 은행에 전송됩니다. 개인키로 암호화한 것은 공개키로 암호를 해제할 수 있습니다. 은행에서는 사용자의 공개키(은행은 인증기관을 통해 이를 알 수 있음)로 암호를 해제하여 사용자의 인증 정보가 정확한지를 확인합니다. 인증 정보가 정확하면 접속한 사용자가 적법한 사용자라고 판단하게 됩니다.

　위 과정에서 세부적으로는 은행의 공개키도 사용되며 처리방식은 기관마다 다를 수 있습니다. 중요한 점은 공개키 기술을 사용하여 인증서처리가 이루어진다는 점입니다.

방문한 홈페이지가 가짜가 아닌 것을 어떻게 알 수 있을까?

자신이 방문한 웹사이트가 진짜인지를 확인하는 것은 매우 중요합니다. 예를 들어 해커가 어떤 회사의 가짜 웹사이트를 만들어 접속하도록 유도하고 사용자의 중요한 정보를 입력받아 가로챌 수도 있기 때문입니다. 방문한 웹사이트의 정확성 판단을 위해서는 먼저 웹사이트의 주소가 https://로 시작하는지와 회사 웹사이트의 주소가 정확한지에 대한 확인이 필요합니다. https://에 대해서는 이전의 절에서 알아보았습니다. 그런데 https://가 웹사이트 주소에 사용되면 어떤 일이 발생하는 것일까요?

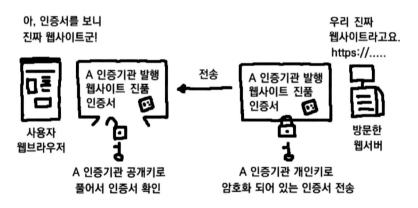

웹사이트 인증

방문자가 https://로 시작하는 웹주소의 웹사이트를 방문했다고 가정을 해봅니다. https://로 시작하는 주소를 가지는 웹서버(혹은 회사)는 미리 제 3의 인증기관(그림에서는 A 인증기관이라고 가정)으로부터 웹사이트가 진짜라는 인증서를 발급받아 놓습니다. 사용자가 웹사이트에 접속을 시도하면 사용자의 웹브라우저로 자신(웹사이트)의 인증서를 보내줍니다. 이 인증서는 위변조를 방지하기 위하여 제 3의 인증기관의 개인키로 암호화되어 있는 상태입니다.

사용자의 웹브라우저는 서버로부터 받은 인증서의 암호를 해제하기 위하여 제 3의 인증기관의 공개키(공개되어 있음)를 사용합니다. 암호를 해제한 후 그 웹사이트 인증서가 진짜라면 웹브라우저는 웹사이트와 안전한 통신을 시작합니다.

참고로 위에서 설명된 https의 기능은 예를 들어 어떤 회사 홈페이지의 실체를 확인하기 위한 기술적 요소입니다. https로 시작하는 모든 홈페이지의 운영 목적이 안전하다는 의미는 아닙니다. 특히, 신뢰 가능한 홈페이지인지는 홈페이지의 내용과 정확한 URL 주소인지 등을 방문자가 직접 확인해보아야 하는 사항입니다.

내가 입력한 아이디, 패스워드, 카드 번호가 안전하게 전송되는 원리는?

인터넷 쇼핑몰을 방문해서 물건을 구매할 때는 중요한 사용자 정보가 웹서버로 전송됩니다. 사용자의 아이디와 패스워드는 물론 집 주소와 신용카드 번호 등도 전송됩니다. 이때 과연 이런 중요한 정보를 보내도 안전할까하는 궁금증이 생기기도 합니다. 특히 외국의 쇼핑몰 등을 방문해보면 인증서와 같은 개념도 없이 신용카드 번호를 직접 입력하는 경험도 할 수 있습니다.

https 기술은 자료가 안전하게 전달되는 통신 방법을 제공합니다. 국내 쇼핑몰에서도 아주 과거에는 인증서를 추가로 사용하는 경우도 있었지만, 최근에는 대부분 별도의 인증서 없이 온라인 쇼핑을 할 수 있습니다.

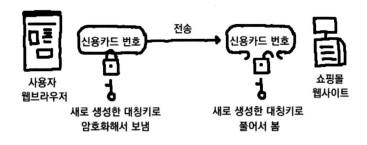

암호화 전송

카드 번호가 안전하게 전송되는 원리에도 공개키와 개인키 기술이 사용됩니다. 앞 절에서 웹사이트가 자신이 진짜임을 증명하기 위하여 웹사이트의 인증서를 사용자의 웹브라우저로 전송한다고 설명하였습니다. 이때 웹사이트 자신의 공개키도 포함하여 전송합니다. 이 웹사이트의 공개키를 이용하여 서로 데이터 교환시 사용할 새로운 대칭키를 교환합니다. 그 후에는 새로운 대칭키를 사용하여 신용카드 번호 등 모든 데이터를 상호 송수신합니다. 그렇기 때문에 중간에 누군가 가로채더라도 내용을 알 수도 없고 변조를 할 수도 없습니다.

쿠키란?

웹사이트를 인터넷을 방문하다 보면 어떤 웹사이트에서는 쿠키에 대한 동의 여부를 묻는 것을 볼 수 있습니다. 외국의 많은 웹사이트에는 쿠키에 대한 경고를 하며, 특히 유럽에 위치한 웹사이트는 거의 모두 쿠키에 대한 경고를 표시합니다. 쿠키에 대한 경고를 만나본 적이 없다면 바로 웹주소 https://www.yahoo.co.uk를 입력하여 영국 야후 웹사이트를 방문해보면 쿠키 경고를 만나볼 수 있습니다. 쿠키 경고의 핵심은 쿠키가 사용자의 웹브라우저에 저장되는 것을 허용할 것이냐에 대한 질문입니다. 도대체 쿠키가 무엇이길래 이렇게 중요하게 공지를 하는 것일까요? 그리고 쿠키는 사용자에게 어떤 영향을 끼치는 것일까요?

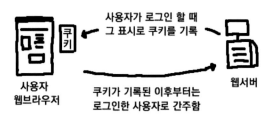

쿠키

쿠키는 웹사이트가 사용자의 웹브라우저에 저장하는 정보입니다. 쿠키의 목적은 여러 가지가 있지만 가장 대표인 용도가 웹사이트에 로그인을 했을 때 로그인 정보를 유지하기 위한 것입니다. 예를 들어 어떤 사용자가 웹사이트에 로그인을 하면 일정 시간 동안 로그인하고 있는 것으로 간주하는데, 이를 위하여 웹사이트의 웹서버는 사용자의 로그인 상태를 사용자의 웹브라우저에 저장합니다.

유럽 연합에서는 쿠키에 대한 동의를 의무화하고 있기 때문에 유럽에 위치한 웹사이트에서는 쿠키 동의 경고 창이 거의 나타납니다. 사용자의 컴퓨터에 무언가를 기록하는 것에 대한 사용자의 동의를 얻으라는 것이죠. 한편, 웹사이트로부터 서버로 가는 쿠키를 해커가 가로채서 자신이 로그인한 것과 같은 흉내를 낼 수 있는 가능성도 이론상 있을 수 있기 때문에 쿠키가 100% 안전한 정보라고 할 수도 없는 것입니다.

써드파티 쿠키와 맞춤 광고

앞에서 살펴본 쿠키 자체보다도 더 이슈가 되고 있는 것은 써드파티 쿠키라는 개념입니다. 써드파티라는 용어에서 느껴지듯이 써드파티 쿠키는 방문한 웹사이트가 아닌 제 3의 주체가 보내는 쿠키입니다. 어떤 경우에 이런 일이 발생할까요?

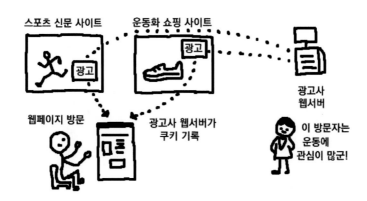

써드 파티 쿠키

여러 웹사이트를 방문하다 보면 광고창을 흔히 만날 수 있습니다. 예를 들어 어떤 신문사 웹사이트에 접속했을 때 신문사 웹페이지에 나타나는 광고창은 그 신문사가 제공하는 것이 아닙니다. 신문사 웹페이지에서는 해당 영역을 빌려줄 뿐이고, 그 영역안의 웹 광고는 타 광고사가 보내주는 것입니다. 광고창도 하나의 웹문서이므로 사용자의 웹브라우저에 쿠키를 저장할 수가 있습니다. 이 경우 쿠키를 기록하는 주체는 신문사가 아니고 제 3의 주체인 광고사이므로 이 광고창이 사용자의 웹브라우저에 저장하는 쿠키를 써드파티 쿠키라고 부릅니다.

어떤 사용자가 3개의 신문사 웹사이트와 2개의 블로그 웹사이트를 방문했다고 가정을 해봅니다. 그런데 이 5개의 웹사이트에 동일한 광고사의 광고창이 포함되어 있을 경우 어떤 일이 발생할 수 있을까요? 동일한 광고사가 쿠키를 저장하므로 여러 웹사이트의 쿠키를 이를 확인해보면 위 사용자가 방문한 웹사이트를 모두 알 수도 있고, 그 사용자의 관심사 등을 감지할 수도 있을 것입니다. 이에 따라 그 사용자에게 맞춤 광고를 보내줄 수도 있게 됩니다. 이 과정에서 사용자에 대한 프라이버시 문제가 거론되게 됩니다.

09

나의 스마트폰 속 탐험하기

새 스마트폰 구입 시 고려 사항은?

스마트폰은 생활의 필수품이 된 지 오래되었습니다. 다양한 종류의 제품이 매년 출시되는 만큼 스마트폰을 새 것으로 바꾸는 주기도 짧아지는 경향이 생겼습니다. 디자인이나 브랜드와 같은 개인의 취향에 따른 선택 사항 이외에 성능 면에서 고려할만한 요소들은 무엇이 있을까요?

속도와 같은 컴퓨터의 성능을 좌우하는 것은 사람의 뇌에 해당하는 CPU입니다. 스마트폰에서는 CPU라는 용어보다 AP라는 용어를 사용합니다. 스마트폰의 성능은 AP가 좌우합니다. 그러므로 AP 모델은 스마트폰을 선택할 때 매우 중요한 객관적 요소가 됩니다.

스마트폰 성능 선택 사항

스마트폰은 전화 용도 이외에도 사진, 동영상, 음악 등 다양한 종류의 멀티미디어 파일을 저장하고 재생하기 위하여 사용됩니다. 멀티미디어 파일은 용량이 크기 때문에 스마트폰의 저장 용량 역시 중요한 고려 사항이 됩니다. 컴퓨터의 하드디스크에 해당하는 것이 스마트폰에서는 플래시 메모리입니다. 최근에는 512GB, 1TB와 같이 대 용량의 플래시 메모리가 스마트폰에 포함되고 있습니다.

컴퓨터에서는 램(주 기억장치)이 클수록 많은 소프트웨어를 동시에 실행할 수 있습니다. 스마트폰 내에도 램이 존재합니다. 램의 크기가 클수록 더 많은 앱이 동시에 실행될 수 있기 때문에 사용이 편리해 집니다.

이런 기본적인 계산, 저장 등의 성능 이외에도 최근의 스마트폰에서는 카메라가 선택을 결정짓는 중요한 요소가 되기도 합니다. 카메라의 성능에 대한 요소는 매우 다양합니다. 카메라의 화소수는 물론, 렌즈의 줌 성능, 야간 촬영 성능, 흔들림 방지 기능, 인공지능 기능, 색감, 동영상 촬영 모드 등 매우 세세한 고려 사항이 존재합니다.

스마트폰에서는 왜 메인 칩을 CPU 대신 AP라고 부르나?

CPU는 중앙처리장치(Central Processing Unit)의 의미이며, 컴퓨터

에서 주요 연산을 담당합니다. CPU는 컴퓨터의 실행 속도를 좌우하는 가장 핵심적인 부품입니다. 스마트폰도 여러 가지 기능을 하는 하나의 작은 컴퓨터라고 할 수 있습니다. 스마트폰도 컴퓨터이기 때문에 연산장치인 CPU가 필요합니다. 하지만 스마트폰의 사양을 확인해보면 CPU라는 명칭은 보이지 않습니다.

스마트폰 내부의 공간은 매우 좁습니다. 컴퓨터와 같이 여러 가지 부품을 배치하는 방식이 스마트폰에는 적합하지 않습니다. 그래서 스마트폰에서는 CPU와 기타 중요한 기능을 하는 칩들을 통합하여 하나의 칩 안에 내장하는 구조를 사용합니다. 이렇게 통합된 하나의 칩을 AP(Application Processor)라고 부르며, 스마트폰의 성능을 표시하기 위하여 사용합니다. 스마트폰 제조사별로 자체적으로 제조한 AP를 사용하는 경우 있으며, 다른 회사에서 제조한 AP를 구입하여 자사의 스마트폰에 포함시키는 경우도 있습니다. AP는 스마트폰을 구매하기 전에 스마트폰의 성능이 자신의 목적에 적합한지를 판단할 수 있는 중요한 요소입니다.

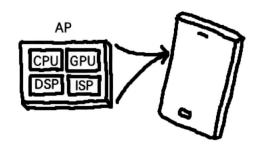

AP(Application Processor)

AP에는 다음과 같은 중요한 주요 부품들이 포함됩니다. AP는 제조사나 모델에 따라 구성형태가 다를 수 있습니다.

- CPU (Central Processing Unit): AP의 핵심 부분으로서 주요 계산을 담당한다.
- GPU (Graphics Processing Unit): 그래픽 처리를 담당한다.
- DSP (Digital Signal Processor): 디지털 신호 처리를 담당하며, 비디오, 오디오, 이미지 처리, 음성 인식, 카메라 기능을 개선 등을 위해 사용된다.
- ISP (Image Signal Processor): 이미지 처리를 담당하며, 카메라 성능 향상 및 고품질 이미지 촬영을 위해 사용된다.
- **메모리 컨트롤러:** 램 및 기타 메모리에 대한 관리를 담당한다.
- **모뎀:** 무선 통신을 담당하며, LTE, 5G, Wi-Fi 등의 통신 기술을 처리한다.
- **보안 부가 기능:** 생체 인식(지문 인식, 얼굴 인식 등) 및 데이터 보안을 강화하는 모듈이 포함되기도 한다.

스마트폰 램(메모리)의 용량이 크면 얻을 수 있는 장점은?

스마트폰의 동작 방식도 기본적으로는 컴퓨터와 유사하기 때문에 내부에 램(메모리)과 저장장치(플래시 메모리)가 포함됩니다. 스마트 폰의 플래시 메모리에는 컴퓨터의 하드디스크와 같이 사진, 파일 등 과 같은 데이터 파일과 설치된 앱 파일이 저장됩니다. 스마트폰의 램 에는 현재 실행되고 있는 앱이나 그에 따른 데이터가 임시로 저장됩 니다.

스마트폰 램의 용량이 커지면 얻을 수 있는 이점은 컴퓨터와 동일 합니다. 스마트폰을 사용할 때 보통 앱을 여러 개 실행하게 됩니다. 앱을 실행하면 스마트폰 내에서는 저장장치인 플래시 메모리 내의 앱을 읽어서 메모리로 올리는(로딩) 동작을 합니다. 이때 로딩 시간 이 소요됩니다. 여러 앱을 번갈아 사용할 때마다 앱의 로딩이 이루 어진다면 스마트폰의 속도는 느려질 것입니다. 따라서 스마트폰에 서는 여러 앱이 실행되면서 메모리로 로딩된 상태로 계속 머물게 됩 니다.

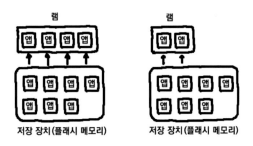

램 용량 차이

만약 스마트폰 램의 용량이 적다면 램 속에 로딩되어 함께 머물 수 있는 앱의 수가 줄어들 것입니다. 즉 한꺼번에 실행될 수 있는 앱의 수가 줄어들어 다시 앱을 로딩하는 동작이 많이 발생하여 스마트폰의 속도가 느려질 수가 있습니다. 이런 면에서는 램의 용량이 클수록 앱이 다시 로딩되는 일이 줄어들어 전체적인 스마트폰의 속도 증가에 도움이 됩니다.

비디오, 이미지, 사운드 등의 데이터를 많이 사용하는 앱들은 많은 양의 멀티미디어 데이터를 램에 담아놓고 작업을 합니다. 이런 경우 램의 용량이 충분해야 작업에 지장이 없을 것입니다. 램의 용량이 적으면 이런 종류의 앱들은 실행이 어렵거나 속도가 매우 느려지는 현상이 생길 수도 있습니다.

위에서 살펴본 바와 같이 스마트폰 램의 용량이 크면 여러 가지 이점을 얻을 수 있습니다. 하지만 자신의 스마트폰 용도가 전화 통화, 간단한 SNS, 인터넷 동영상 시청 정도라면 많은 양의 램을 필요로 하지는 않습니다.

스마트폰에서 실행되고 있는 앱을 주기적으로 강제 종료시키면 좋을까?

이번 절은 앞 절의 내용과 연관성이 있습니다. 스마트폰에서는 앱을 실행하면 실행되고 있던 다른 앱이 종료되는 것이 아니고 램 내부에 위치하며 동시에 여러 개가 실행되고 있는 상태가 됩니다. 스마트폰에 따라 제공되는 메뉴를 사용하면 현재 실행되고 있는 여러 개의 앱을 확인하고 수동으로 강제 종료시킬 수가 있습니다. 어떤 사용자들은 여러 개의 앱이 실행된 상태로 스마트폰을 사용하기도 하고, 어떤 사용자들은 주기적으로 모든 앱을 종료시키기도 합니다. 보통은 배터리의 사용 시간을 늘이기 위한 목적으로 모든 앱을 종료하곤 합니다. 어떤 방법이 유리한 방법일까요?

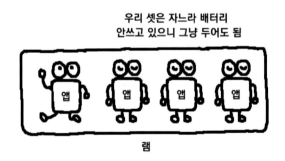

백그라운드 앱

실행되고 있는 여러 개의 앱이 있을 경우 현재 화면에는 보이지 않는 백그라운드 앱들은 그냥 메모리에 머무는 상태로 있으며 별도의 연산이 많이 이루어지지는 않습니다. 그 의미는 배터리의 사용 시간과 크게 관련은 없다는 것입니다. 오히려 앱을 수동으로 종료시키는 동작에 더 전력이 소모됩니다. 또한 종료한 앱을 자주 재실행한다면 배터리 소모가 더 발생합니다. 그러므로 여러 개의 앱이 실행되어 있는 상태라고 하더라도 수동으로 앱을 종료시키는 방식은 별로 도움이 되지는 않습니다. 만약 스마트폰의 메모리가 부족해지면 스마트폰의 운영체제가 가장 오랫동안 사용하지 않고 있는 앱을 자동으로 종료시켜서 메모리 공간을 확보합니다.

한편, 메모리에 존재하는 백그라운드 앱들이 수시로 많은 일을 하는 경우도 있을 수 있습니다. 예를 들어 지속적으로 이메일의 도착을 확인하거나 스마트폰의 위치에 따라 자동으로 어떤 처리를 하는 앱들입니다. 이런 동작을 하는 앱은 백그라운드 상태라고 하더라도 배터리를 소모할 수 있으니 직접 종료시키거나, 스마트폰의 설정을 통해 앱의 백그라운드 실행을 막아두는 것도 배터리 사용 시간을 늘이는 데 도움이 됩니다.

스마트폰에도 운영체제가 있을까?

우리나라 대부분의 컴퓨터는 운영체제로 마이크로소프트사의 윈도우를 사용하고 있는 편입니다. 이 이외에도 애플사의 컴퓨터를 사용하는 경우에는 macOS라는 운영체제를 사용합니다. 더 특별한 용도로는 리눅스나 유닉스와 같은 운영체제를 사용하기도 합니다.

스마트폰도 하나의 컴퓨터이므로 운영체제를 필요로 합니다. 현재 스마트폰에서는 크게 안드로이드 운영체제와 iOS 운영체제 2개가 주로 사용됩니다. 이 이외의 운영체제 개발도 시도되기는 했지만, 시장 상황에 따라 현재는 이 2개의 운영체제가 주를 이루고 있습니다.

안드로이드 운영체제는 구글 사에서 개발하는 것으로서 운영체제를 개방하여 여러 스마트폰 하드웨어 제조회사들이 도입하여 사용합니다. 삼성의 갤럭시 스마트폰 시리즈 역시 운영체제는 안드로이드를 사용합니다. 다른 여러 회사에서 개발하는 여러 스마트폰들도 안드로이드를 운영체제로 사용하고 있습니다.

한편, 애플 사의 스마트폰인 아이폰 계열에서는 iOS라는 운영체제를 사용합니다. iOS 운영체제는 애플이 자체적으로 개발하여 아이폰 계열에 사용하고 있습니다. 안드로이드와 iOS 운영체제는 각각의 특징이 있으므로 사용자의 필요에 따라 선택하여 사용하면 될 것입니다.

사용자 인식을 위한 생체인증의 종류와 장단점은?

스마트폰에는 프라이버시를 위하여 화면 잠금 기능을 설정할 수 있습니다. 초기 스마트폰의 잠금 방식은 4자리 숫자를 사용하는 방식이었습니다. 현재는 보통 6자리 숫자를 사용하여 보안이 강화된 비밀번호를 사용합니다. 한편, 스마트폰을 열 때마다 비밀번호를 입력하는 것은 번거롭기 때문에 화면에 패턴을 그리는 방식의 잠금 해제 방식을 사용하기도 합니다.

최신의 스마트폰에는 화면을 열 때 비밀번호나 패턴을 그리는 방식 이외에도 생체인증 방식을 사용하기도 합니다. 가장 일반적으로 사용되는 생체인증 방식은 지문인식과 얼굴인식 입니다. 생체인증 방식을 사용하면 스마트폰이 즉시 인식하므로 비밀번호 등을 입력하는 번거로움이 없어 편리하고 인증 속도도 빨라집니다. 이 두 가지 생체인증 방식 외에 미래에는 더 발전된 방식이 사용될 수도 있을 것입니다.

위 두 가지 방식 이외에도 IT 기술 분야에서는 일반적 으로는 홍채 인식, 정맥과 같은 혈관 인식, 목소리 인식, 걷는 동작 인식, 심장 박동 인식, DNA 인식, 키보드 타이핑 패턴인식 등의 기술들이 있습니다.

생체인증 방식의 최대 장점은 편리하다는 점입니다. 사람이 인증을 위한 별도의 동작을 하지 않아도 자동으로 인증이 이루어지기 때문입니다. 생체인증에도 제한 사항은 있습니다. 생체인증에서 인식되는 생체는 사람마다 고유한 특징을 가지고 있기는 하지만 매우 적은 확률로 서로 중복될 가능성도 있습니다. 아주 중요한 분야에 대한 인증이라면 이런 가능성도 방지할 수 있는 방안이 필요할 것입니다. 생체인증의 또다른 단점으로는 한번 유출되면 수정이 어렵다는 점입니다. 비밀번호는 유출될 경우 다시 생성하거나 변경이 가능하지만 사람의 생체정보는 유출될 경우 사람의 특징을 변경할 수가 없습니다. 미래의 생체인증 기술에서는 이런 제한 사항들을 해결하기 위한 연구가 필요할 것입니다.

스마트폰의 카메라의 성능을 비교하기 위한 주요 요소들은?

과거에는 휴대전화에 있어서 카메라는 보조적인 장치였고 화질도 그다지 높지 않았었습니다. 좋은 화질의 사진은 별도로 디지털 카메라를 사용하여 촬영하곤 하였습니다. 하지만 휴대전화의 카메라 성능은 스마트폰의 등장과 함께 매우 빠른 속도로 발전하게 되었습니다. 이제 카메라 기능은 스마트폰의 기종을 선택할 때 고려하는 가장 큰 요소 중의 하나가 되었습니다.

특히 최근의 스마트폰에 장착되는 카메라의 성능은 프로페셔널한 디지털 카메라의 수준까지 도달하였습니다. 물론 렌즈 크기에 따른 한계로 고급 DSLR 디지털 카메라와 같은 고화질 성능을 그대로 보여주지는 못하지만, 거의 근접한 결과물을 보여주기도 합니다. 한편, 고급 DSLR 디지털 카메라보다 스마트폰 카메라가 상대적으로 우수한 영역도 생기기 시작하였습니다. 스마트폰의 카메라는 촬영된 이미지를 인공지능과 같은 내장 소프트웨어로 자동 보정을 할 수 있다는 점입니다. 순수한 디지털 카메라의 경우에는 촬영 기기의 하드웨어 자체는 스마트폰보다 뛰어나지만, 내장 회로 성능의 한계로 인해 이미지를 다양하게 처리할 수 있는 능력이 스마트폰에 비해 제한적입니다.

최근의 스마트폰에 장착되는 카메라를 비교하거나 선택할 때는 일반적으로 다음과 같은 기술 요소가 고려되고 있습니다.

- **화소수:** 화소수가 높을 수록 이미지의 선명도가 올라감
- **센서 크기:** 빛을 받아들이는 감광 장치이며, 센서 크기가 클수록 원래의 이미지를 손실 없이 받아들일 수 있음
- **렌즈 구성:** 망원렌즈의 배율 및 광각렌즈의 화각은 확대 촬영이나 풍경 촬영 등에 매우 중요한 요소임
- **오토 포커스:** 원하는 대상물에 자동으로 빨리 초점을 맞추는 기술
- **HDR:** Hight Dynamic Range의 약자로서, 밝은 곳에 밝기를 맞

추면 어두운 곳이 잘 안나오고, 어두운 곳에 밝기를 맞추면 밝은 곳은 너무 밝아져 하얗게 되는 문제를 해결하여 어두운 곳과 밝은 곳이 모두 잘 나오도록 하는 기술

- **손떨림 방지:** 촬영자의 손이 떨려서 사진이 흐려지는 것을 하드웨어적, 소프트웨어적으로 방지하는 기술
- **동영상 모드:** 동영상의 화질, 영화 모드 등 동영상의 품질을 향상시키는 기술
- **인공지능 기술:** 배경 흐림 처리 등 소프트웨어적으로 사진을 처리하는 기술

휴대전화를 영어로는 왜 셀룰러 폰(Cellular Phone)이라고 부를까?

휴대전화를 영어로는 셀룰러폰 혹은 줄여서 셀폰이라고 부릅니다. 셀(cell)은 영어로 세포 혹은 방을 의미합니다. 셀룰러는 셀의 형용사 형태로 폰을 꾸며줍니다. 그래서 셀룰러 폰은 세포폰이라는 의미가 됩니다. 우리가 사용하는 휴대전화 혹은 스마트폰은 무선으로 동작합니다. 그래서 상대방과의 통신도 무선으로 이루어진다고 느껴집니다. 하지만 휴대전화가 무선으로 동작하는 구간은 매우 짧습니다.

예를 들어서 서울에 있는 사람이 부산에 있는 사람과 통화를 한다고 가정해 보겠습니다. 서울에 있는 사람의 휴대전화에서 떠난 전파는 그 사람 근처의 기지국으로 전달됩니다. 그 기지국으로부터 부산에 있는 사람 근처의 기지국까지는 통신사의 유선망을 통해 데이터가 이동됩니다. 다시 부산에 있는 기지국에서 부산에 있는 사람의 휴대전화까지는 무선 전파를 사용합니다. 전체적으로 보면 무선통신이 이루어지는 구간은 수 백 미터 정도로 짧다는 것을 알 수 있습니다. 수 백 키로미터에 달하는 구간은 유선을 통해 통신이 이루어진 것입니다.

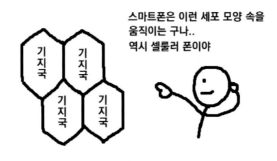

셀룰러 폰 원리

위의 설명과 같이 휴대전화는 기지국에 의존합니다. 기지국은 자신이 관리할 수 있는 영역이 있으며, 이 영역을 세포(cell)와 비유하여 여러 기지국 영역이 마치 세포가 나열된 것과 같다고 하여 휴대전화를 셀룰러 폰이라고 부르는 것입니다. 어떤 사람이 A 기지국 관할 영역에 있다가 B 기지국 관할 영역으로 이동하면 그 사람의 휴대전화는 다시 B 기지국과 무선 통신을 하게 됩니다.

기지국과 더불어 알아두어야 할 중계기라는 개념이 있습니다. 전파가 휴대전화에서 기지국까지 도달하는 과정에서 약해지지 않도록 중간에 증폭해주는 것이 중계기 입니다. 중계기는 복잡한 건물 내부나 산간 지역 등 전파가 약해지는 지역에 설치됩니다.

10

앱의 이해를 위한 상식

스마트폰의 앱이란 무엇인가?

컴퓨터나 스마트폰은 전자회로와 케이스 등으로 이루어진 하드웨어입니다. 하드웨어만으로는 기기가 동작을 할 수 없고, 소프트웨어가 동작해야 원하는 작업을 처리할 수 있습니다. 컴퓨터를 예로 들면 윈도우와 같은 운영체제도 소프트웨어이며, 파일탐색기, 장치 관리자, 네트워크 관리자 등 윈도우 운영체제 내의 여러 기능도 소프트웨어에 의해서 수행됩니다.

또다른 종류의 소프트웨어로는 워드프로세서나 스프레드시트와 같이 문서 작업을 하는 것들도 있습니다.

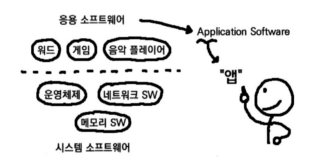

앱의 유래

컴퓨터의 윈도우 운영체제, 장치 관리자, 네트워크 관리자 등은 사용자의 업무 용도라기보다는 컴퓨터 내부 하드웨어의 관리와 운영을 위해 실행되는 소프트웨어로서 시스템 소프트웨어라고 부릅니다. 한편, 워드프로세서, 스프레드시트, 게임과 같은 소프트웨어 등은 사용자가 처리하고자 하는 작업을 위해 직접 사용하는 것들로서 응용 소프트웨어라고 부릅니다. 응용 소프트웨어는 영어로는 애플리케이션 소프트웨어(Application Software)라고 부릅니다. 이를 줄여서 응용 소프트웨어를 앱(App)이라고 부르게 되었습니다. 우리나라에서는 영어 동사 Apply의 발음을 사용하여 '어플'이라고 부르는 경우도 많습니다. 하지만 영어권 국가에서는 앱이라는 이름을 사용합니다.

스마트폰도 하나의 컴퓨터이자 하드웨어입니다. 스마트폰 내에도 운영체제와 같은 시스템 소프트웨어가 있고, 사용자들이 사용하기 위한 응용 소프트웨어가 있습니다. 스마트폰에서도 사용자들이 사용하기 위한 소프트웨어를 앱이라고 부릅니다. 원래 앱의 용어는 응용프로그램이지만 최근에는 스마트폰의 메모리나 네트워크를 관리하는 소프트웨어도 앱이라고 부르는 추세이기도 합니다.

안드로이드폰 앱과 아이폰 앱의 차이점은 무엇일까?

안드로이드폰은 구글 사에서 제공하는 스마트폰용 운영체제입니다. 안드로이드 운영체제를 사용하는 스마트폰 하드웨어를 제조하는 회사들은 한국, 일본, 중국 등 여러 나라에 걸쳐 있습니다. 어느 회사에서 제조한 것인지와 관계없이 안드로이드 운영체제를 사용하는 스마트폰들을 일반적으로 안드로이드폰 이라고 부릅니다. 아이폰의 경우는 이와 차이점이 있습니다. 아이폰 하드웨어는 애플 사에 의해 만들어지며, 아이폰 내에서 동작하는 운영체제 역시 애플이 자체적으로 제작한 iOS라는 운영체제를 사용합니다. 안드로이드 운영체제와 달리 iOS 운영체제는 애플 사의 아이폰에서만 사용됩니다.

운영체제는 앱이 실행되는 환경입니다. 따라서 운영체제별로 실행되는 앱의 구조가 다릅니다. 안드로이드 운영체제를 위해 제작된 앱은 안드로이드 운영체제 내부의 명령을 사용하므로 iOS 운영체제에서는 동작하지 않습니다. 반대로 iOS 운영체제를 위해 제작된 앱은 iOS 내부의 명령을 사용하므로 안드로이드 운영체제에서는 동작하지 않습니다.

이런 차이점으로 인해 앱을 필요로 하는 기관이나 회사들은 곤란한 일을 겪게 됩니다. 어떤 서비스를 제공하기 위하여 두 종류의 앱을 개발해야 하니 비용과 시간이 두 배로 들게 됩니다. 그래서 이를 해결하기 위하여 한 번 코딩으로 두 운영체제에서 실행이 가능한 앱을 개발할 수 있는 중간적인 방법들도 많이 시도되고 있습니다.

플레이스토어나 앱스토어 방식의 장점은?

스마트폰에 앱을 설치할 경우에는 플레이스토어나 앱스토어 등을 방문한 후 앱을 선택하여 설치합니다. 앱을 개발하는 개발자나 회사에서는 앱을 사용자에게 직접 배포하지 않고 플레이스토어나 앱스토어에 등록합니다. 즉 스토어에 판매를 의뢰하는 방식이죠. 물론 각 스토어에서는 판매 금액의 일부를 수수료로 받습니다.

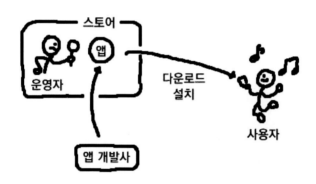

앱 설치 스토어

앱을 스마트폰에 직접 설치하지 않고 스토어를 통해 설치하는 방법은 앱의 품질을 높일 수 있고 스마트폰을 보다 안전하게 사용할 수 있는 기능을 합니다. 앱 개발 회사가 앱을 스토어에 제출하면 스토어에서는 기본적인 요구 조건을 갖추고 있는지를 검사합니다. 예를 들어서 소프트웨어 버전이나 카메라, 앨범 등에 접근하는 보안 방식 등을 앱이 만족하는지 사전 검사를 합니다. 이런 검사를 통과

해야 하므로 앱은 성능 면이나 보안 면에서 더 안전해집니다. 또한, 스토어에서는 앱을 분류하고, 인기 앱을 선별하며, 사용자의 구입 기록을 보관하여 스마트폰이 변경되더라도 다시 앱을 구입할 필요가 없이 재설치가 가능하도록 해줍니다.

웹앱과 일반 앱의 차이점은?

앱의 동작하는 방식에 따라 '웹앱'이라는 종류의 앱도 있습니다. 앱의 종류별 동작 특징을 이해하면 앱의 동작에 문제가 발생했을 때 폰의 문제인지, 앱의 문제인지, 서비스 제공회사의 문제인지 등을 판단하는데 도움이 될 수가 있습니다.

이전의 절에서 알아본 대로 앱은 스마트폰 내에서 동작하는 소프트웨어입니다. 간단한 보드게임 앱의 경우를 생각해보면 네트워크가 끊어지더라도 앱의 실행에 아무런 문제가 발생하지 않습니다. 또는 영어 단어 암기 앱과 같은 경우에도 자체적으로 모든 데이터를 가지고 있는 앱이라면 네트워크가 동작하지 않는 비행기 안에서의 사용에도 문제가 없을 것입니다.

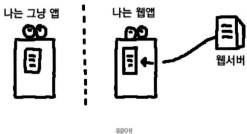

웹앱

한편, 각종 신문사에서 제공하는 서비스를 생각해보면, 앱 공간에 모든 신문 지면의 내용이 내장되는 형태가 아닙니다. 신문사에서는 신문사 서버에서 신문 기사 웹 문서(웹페이지)를 제공하고 신문사 앱에서는 그 신문사의 서버에서 신문 기사 웹 문서를 읽어와서 보여줍니다. 이렇게 겉모습은 일반 앱과 유사하게 보이지만 웹브라우저를 기반으로 웹서버에서 웹문서를 읽어와서 보여주는 앱을 '웹앱'이라고 부릅니다. 이런 앱의 경우에는 네트워크 연결도 필요하고 웹문서를 가지고 올 회사의 웹서버도 필요로 합니다. 그러므로 네트워크나 웹서버에 문제가 있을 경우에는 앱의 동작에도 문제가 생깁니다.

웹앱의 장점은 회사에서 새로운 내용을 전달할 때 앱을 다시 개발하거나 업데이트할 필요가 없이 간단히 웹서버의 문서 내용만 변경하면 사용자들은 변경된 정보를 받아들이게 되므로 앱의 운영이 편리해집니다. 특히, 예약 서비스나 쇼핑몰 앱과 같이 실시간 정보의 제공이 필요한 경우에는 웹앱의 역할이 매우 중요해집니다.

반응형 웹이란?

스마트폰에도 컴퓨터에서와 같이 웹을 서핑하기 위한 웹브라우저 앱이 여러 종류가 있습니다. 최근 많이 사용되고 있는 크롬, 파이어폭스 등의 웹브라우저 앱도 있으며, 아이폰의 경우에는 애플사의 전용 앱인 사파리 웹브라우저도 제공됩니다. 최근의 웹서버들은 웹브라우저의 종류과 관계없이 대부분의 웹사이트 접근이 가능한 호환성을 제공합니다.

컴퓨터의 웹브라우저를 통해 쇼핑몰, 신문, 검색 등을 위한 웹사이트를 방문하면 컴퓨터 화면에 적합한 크기의 웹 화면을 볼 수 있습니다. 한편, 스마트폰이나 스마트패드의 웹브라우저를 통해 웹사이트를 방문하면 스마트 기기 화면 크기에 적합한 모바일 형태의 웹페이지가 나타납니다.

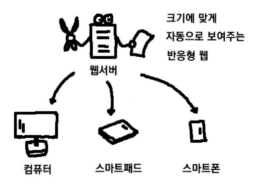

반응형 웹

이렇게 기기마다 다른 크기나 형태에 맞추어 웹페이지를 제공하는 일이 과거에는 회사에 큰 부담이었습니다. 하지만 현재는 웹서버가 사용자의 기기 크기를 자동으로 판단하여 적합한 크기의 웹페이지를 제공합니다. 이런 웹 기술을 반응형 웹이라고 부릅니다. 현재 스마트폰에 제공되는 다양한 웹서비스는 반응형 웹 기술을 기반으로 한 것이 대부분이라고 할 수 있습니다.

와이파이와 블루투스의 차이는?

현재는 컴퓨터나 스마트 기기를 사용한다는 것은 어디론가 연결된 상태를 의미합니다. 아주 오래전에는 인터넷 연결이 없는 컴퓨터 자체로도 충분한 사용 가치가 있었지만, 현재는 인터넷에 연결되지 않은 상태에서는 컴퓨터나 스마트 기기의 역할이 매우 제한적 입니다. 요즘 노트북 컴퓨터나 스마트 기기를 휴대하여 이동할 때는 흔히 와이파이가 연결되는지 먼저 확인하곤 합니다. 와이파이는 곧 인터넷과의 연결을 의미하기 때문입니다. 한편, 무선 이어폰 등으로 음악을 들을 때는 블루투스를 사용하여 기기와 통신합니다. 무선 키보드나 무선 마우스와 연결할 때도 역시 블루투스를 사용하여 연결합니다. 최근 컴퓨터나 스마트 기기에서 가장 흔하게 사용되는 연결 방식인 와이파이와 블루투스에 대하여 알아보겠습니다.

와이파이나 블루투스 모두 컴퓨터 기기와 외부의 연결을 위한 목적으로 사용됩니다. 다만, 두 가지 방식은 연결 거리, 데이터 전송 속도, 배터리 소모량 등의 특징이 달라서 연결 목적에 따라 달리 사용됩니다. 와이파이는 컴퓨터와 인터넷과의 연결을 목적으로 하며, 블루투스는 컴퓨터와 주변 기기와의 연결을 목적으로 합니다. 주변 기기는 무선 키보드, 무선 마우스, 무선 헤드폰 등이 있습니다.

연결되는 거리 면에서도 이 두 가지 방식에는 차이가 있습니다. 와이파이는 수십 미터, 혹은 100미터 정도까지도 연결될 수 있습니다. 이 거리는 제품 성능이나 건물 구조에 따라 차이가 있을 수 있으나 일반적으로 가정 내에서는 큰 문제 없이 사용이 가능한 편입니다. 한편, 블루투스의 경우에는 클래스 규격마다 거리 차이가 있지만 일반적인 소비자 제품용의 클래스에서는 사용거리가 약 10미터 안팎입니다. 블루투스는 연결 목적이 컴퓨터 근처에서 사용되는 주변 기기와의 연결이므로 약 10미터 정도의 거리면 적당한 편입니다. 무선 마우스, 무선 키보드, 무선 헤드폰 등을 아주 먼 거리에서 사용하는 경우는 드물 것이기 때문입니다.

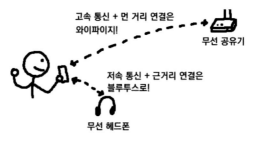

고속 통신 + 먼 거리 연결은 와이파이지!
무선 공유기
저속 통신 + 근거리 연결은 블루투스로!
무선 헤드폰

와이파이와 블루투스

연결 거리가 길다는 것은 사용의 편의성 면에서는 장점이겠지만, 배터리 소모량 면에서는 단점으로 작용합니다. 10미터 연결 거리이면 충분한 무선 마우스의 연결 거리를 와이파이와 같이 100미터 정도로 사용한다면, 늘이는 이점도 없을뿐더러 불필요하게 배터리 소모량만 증가하는 결과를 가져올 것입니다. 와이파이의 경우에는 공유기까지의 거리가 가정의 건물 구조나 회사의 사무실 형태에 따라서는 수십 미터 이상의 연결 거리가 필요하므로 이에 적당한 연결 거리를 제공합니다.

블루투스의 경우에는 버전 1.0 시절에는 1Mbps도 안되는 속도였지만, 최근 5.2 버전에서는 LE(저전력) 기준 최대 2Mbps까지 통신 속도가 빨라졌습니다. 이 속도는 무선 헤드폰과 같은 주변 기기 연결에는 충분한 속도이지만, 인터넷 연결을 위한 와이파이에 비해서는 매우 느린 속도입니다. 즉, 주변 기기 연결을 목적으로 적당한 속도를 가진 연결이 블루투스입니다.

인터넷의 속도가 빨라짐에 따라서 와이파이의 속도도 증가했습니다. 보통 집에서 사용하는 무선 공유기와 연결할 때 나타나는 신호를 보면 2.4GHz와 5GHz 두 개가 나타나는 것을 볼 수 있습니다. 이 두 숫자는 주파수를 의미하는 것으로 데이터 전송 속도는 5GHz가 2.4GHz 보다 빠릅니다. 둘 중 어떤 것을 선택해도 일반적인 용도에서는 큰 차이는 없을 것입니다. 한편, 5Ghz는 속도는 빠르지만 건물의 구조에 따라서는 연결이 끊어지는 경우도 있으므로, 연결 거리

및 필요 속도를 고려하여 적당한 연결을 선택하면 될 것입니다. 일반적으로 와이파이는 블루투스에 비해 속도가 매우 빠르고 연결 거리도 길기 때문에 이에 따른 배터리 소모도 당연히 늘어나게 됩니다.

스마트폰 결재에 사용되는 NFC 기술

스마트폰의 발전은 그 끝이 어디일지 예측이 어려울 정도입니다. 현재는 현금이나 신용카드 없이도 스마트폰으로 지하철, 버스, 편의점, 식당 등에서 결재가 가능한 시대가 되었습니다. 그런데 스마트폰의 기종에 따라서는 국내 대부분의 장소에서 사용이 가능하기도 하고 특정 장소에서만 사용이 가능한 차이가 있습니다.

NFC 통신

NFC는 Near Field Communication의 약자이며, 근거리 무선 통신을 의미합니다. 여기에서 근거리는 10cm 이내의 매우 짧은 거리를 의미합니다. 즉, 교통카드나 결제 카드 단말기에 10cm 이내로 근접시켜서 동작하는 방식입니다. NFC는 와이파이나 블루투스에 비해서는 매우 짧은 통신거리를 가지고 있으나, 결제와 같은 용도로는 충분한 거리입니다. 현재 대부분의 스마트폰에는 NFC 칩이 내장되어 있습니다.

해외에서는 결재 단말기에 대부분 NFC 기능이 포함되어 있어 NFC 결재가 가능한 상황입니다. 국내에서는 과거 상당 기간 동안 카드 결재기에 MST라는 방식만 사용되어 왔습니다. 그래서 NFC 칩만 포함하고 있는 일부 외국의 스마트폰은 국내 결제에 사용할 수가 없었습니다. 현재 이 글을 쓰고 있는 시점에는 국내 편의점, 일부 백화점, 기타 일부 가맹점에서도 NFC 결재 방식을 지원하기 시작했고 점차 확대되고 있는 추세입니다.

IoT의 시대

IoT라는 말이 낯설더라도, '사물인터넷'이라는 용어는 각종 뉴스 미디어에서 접해본 적이 있을 것입니다. 사물인터넷은 IoT를 우리말로 표현한 것입니다. IoT는 Internet Of Things라는 의미로 모든 사물을 인터넷을 통해 연결한다는 의미입니다. 일상생활과 가까운 개념으로는 홈 오토메이션 혹은 스마트 홈과 같은 것들이 있습니다. 집안의 각종 전자 기기들이 인터넷으로 연결되고, 이를 원격으로 작동시키거나 확인하는 기능이 스마트 홈의 기본적인 개념입니다.

사물인터넷(IoT) 시대에는 집안의 가전제품을
밖에서 작동시키는 것쯤은 식은 죽 먹기지

사물 인터넷(IoT)

구체적인 예로는 회사에 출근 후 집안의 상태를 확인하거나, 퇴근을 하며 차 안에서 집에 있는 에어컨이나 보일러를 미리 작동시킬 수가 있습니다. 집안의 조명, 커튼, 세탁기, 청소기 등도 시간과 장소에 관계없이 원격으로 작동시켜 생활의 편의를 증진시킬 수도 있습니다. 집의 보안 상황도 인공지능을 통하여 감시할 수도 있습니다.

IoT는 인터넷의 보급, 각종 전자기기의 발전, 인공지능의 발전 등을 기반으로 생겨난 개념이며, 새로운 도시를 구축할 때도 자주 적용되고 있습니다. IoT는 생활의 편의도 가져오지만, 이와 더불어 보안에 대한 우려 또한 중요하게 대두되고 있습니다. 만일 해커가 어떤 집의 IoT 시스템을 탈취하는 상황이 생긴다면 프라이버시는 물론 도난 등의 사고를 유발할 수도 있을 것입니다. 만약 이런 일이 다수의 주택이나 건물을 대상으로 발생한다면 매우 큰 사회적 문제가 될 수도 있습니다. 그러므로 IoT를 도입할 경우에는 충분한 보안 수준을 제공하는지에 대한 확인이 매우 중요합니다.

인터넷 라디오와 일반 라디오

고화질 TV, 스트리밍 비디오 서비스 등의 발전에도 불구하고 라디오는 여전히 방송의 중요한 매체로 남아있습니다. 가장 오래전에 출현한 미디어가 가장 오래 살아남아 있는 듯합니다. 오디오 테이프, CD, DVD 등의 미디어는 과거 일정 기간 활용되고 현재는 사용이 미미한 반면, 라디오는 여전히 활발하게 활용되고 있습니다.

최근에는 라디오를 별도로 구입하여 청취를 하는 경우보다는, 스마트폰 라디오 앱을 통해 편리하게 라디오 방송을 청취하는 경우가 늘어나고 있습니다. 스마트폰 라디오 앱은 편리할 뿐만 아니라 전 세계에서 방송하고 있는 수만 개의 라디오 방송을 청취할 수 있는 장점을 가집니다. 불과 이십여 년 전의 과거에는 외국 라디오 방송을 청취하기 위하여 수십 미터 길이의 안테나를 사용해야 했던 것을 생각해보면 현재는 너무도 편리한 시대입니다.

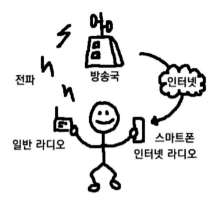

인터넷 라디오

　한편, 라디오 앱이 라디오 전파를 수신하는 것으로 이해하고 있는 경우도 가끔 보게 됩니다. 인터넷 라디오와 일반 라디오는 데이터가 전달되는 경로와 방식이 다릅니다. 라디오 방송국에서는 라디오 방송 전파를 송출합니다. 이와는 별도로 라디오 방송 음성 데이터를 인터넷으로도 송출합니다. 스마트폰의 라디오 앱은 인터넷을 통해 전달되는 라디오 방송 데이터를 수신하여 재생하는 기능을 합니다. 인터넷 연결이 끊어진다면 라디오 앱을 통해 라디오를 청취할 수가 없게 됩니다. 만약 천재지변이 발생하여 고립되어 있는데 인터넷도 연결되지 않는 상황이라면 사고 수습 뉴스나 주변의 기상 정보를 인터넷 라디오를 통해서는 들을 수 없게 되는 단점이 있습니다.

　일반 라디오는 라디오 방송국에서 송출하는 전파를 수신합니다. 이 경우에는 인터넷 연결이 없더라도 수신이 가능한 장점을 가집니다. 천재지변 발생 시 인터넷 연결과 무관하게 기상 정보와 사고 수습 정보 뉴스 등을 청취할 수가 있게 됩니다. 일반 라디오의 단점으로는 방송국에서 멀리 떨어진 지역의 경우 수신 감도가 약하고 음질이 저하될 수 있다는 점입니다. 심한 경우에는 방송 수신이 전혀 불가능한 지역도 있습니다.

스마트폰은 GPS로 어떻게 현재 위치를 알 수 있을까?

현재는 스마트폰이 없는 여행은 상상하기가 어려운 시대입니다. 스마트폰의 GPS 기능은 자신이 어디에 위치해 있는지도 알려주며, 원하는 목적지까지의 경로를 도보, 승용차, 택시, 버스, 지하철 등으로 구분하여 자동으로 계산해줍니다. 불과 이십여 년 전까지만 해도 자동차를 정차하고 종이 지도를 확인해가며 목적지를 찾아 헤맸던 사실을 생각하면 우리는 인류 역사상 정말 편리한 시대를 살고 있습니다. 스마트폰의 GPS 기능은 어떻게 자신의 위치를 알 수 있을까요? 인공위성에서 위치를 보내주는 것일까요? 가끔은 GPS가 어떻게 자신의 위치를 알아내는지 궁금해질 때가 있습니다.

GPS는 Global Positioning System의 약자로서 전 세계적인 위치 파악 시스템이라는 의미를 가집니다. 지구 주위에는 많은 수의 인공위성들이 있습니다. 이 중 GPS와 관련된 위성들은 지상으로 GPS

신호를 보냅니다. 스마트폰 내에는 GPS 수신 칩이 내장되어 있습니다. GPS 수신 칩은 최소 4개 이상의 GPS 위성 신호를 사용합니다. 지상의 지역별로 여러 GPS 위성으로부터 도달하는 신호에는 시간 차이가 발생합니다. 이를 삼변측량으로 불리는 계산을 통해 GPS 칩의 지상 위치를 알아낼 수 있습니다. 이 방식은 스마트폰 GPS뿐만 아니라, 자동차 내비게이션에 사용되는 GPS에도 동일하게 사용됩니다.

11

인공지능과 딥러닝

4차 산업혁명이 뭐지?

최근의 기술 트렌드를 말할 때 빠지지 않는 중요한 키워드가 몇 개 있습니다. 인공지능, 빅데이터, 4차 산업혁명이 그것입니다. 인공지능이나 빅데이터의 경우에는 용어 자체의 이름만으로 그 의미를 어느 정도는 추측할 수가 있습니다. 하지만 4차 산업혁명은 단순한 수식어 정도로 사용하는 경우도 많습니다.

1차 산업혁명은 약 200년 전인 1800년도 전후의 시기에 시작되었습니다. 증기기관을 통한 기계화의 시작이 1차 산업혁명의 핵심입니다. 그 전까지는 인간이나 가축의 힘을 동력으로 사용하다 보니 생산성이 매우 낮았습니다. 농업 중심의 사회가 1차 산업혁명으로 공업 중심 사회로 전환되었습니다.

2차 산업혁명은 약 100년 전인 1900년도 전후의 시기에 발생했습니다. 전기, 통신, 내연기관, 철강, 화학 등의 분야가 발전한 것이 2차 산업혁명의 핵심입니다. 2차 산업혁명을 거치면서 대량생산이 가능한 공업화 사회로의 전환이 더욱 가속화되었습니다. 특히 증기기관과 달리 전기 에너지는 사용 편의성이 높은 에너지원이 되었습니다.

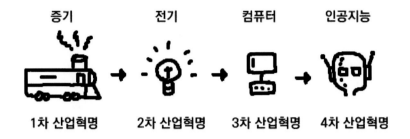

3차 산업혁명은 약 60년 전인 1960년대 부터 비교적 최근인 2000 년대까지 이루어졌습니다. 핵심적인 내용으로는 컴퓨터, 정보통신, 인터넷 등입니다. 그전까지는 전통적인 산업방식에 기반한 사회였다 면, 3차 산업혁명의 시대는 컴퓨터와 전자회로를 기반으로 한 정보 화 사회로 정의할 수 있습니다.

4차 산업혁명은 수년 전인 2010년대 정도부터 시작되어 현재도 진행 중이라고 할 수 있습니다. 4차 산업혁명의 핵심은 인공지능과 빅데이터 입니다. 3차 산업혁명을 통해 구축된 인터넷상의 정보를 빅데이터로 활용하여 인공지능에 학습시킬 수 있게 된 시기입니다. 인공지능에 대한 연구는 수십 년 전부터 시작은 되었었지만, 그 시 기에는 컴퓨터의 성능이 낮았고 빅데이터와 같은 학습 데이터의 축 척도 쉽지 않아서 인공지능의 실용화가 성공하지 못했습니다. 4차 산업혁명 시대에는 컴퓨터의 성능과 빅데이터라는 인공지능 발전에 최적화된 환경이 구축된 것입니다.

위와 같은 이유로 인공지능이나 빅데이터를 언급할 때는 4차 산업 혁명이라는 용어가 항상 함께 사용되고 있습니다.

인공지능, 기계학습, 딥러닝은 같은 의미?

우리는 기계가 학습하는 시대에 살고 있습니다. 인공지능이 수많은 바둑 경기를 분석하여 학습하고 인간과 대결하기도 합니다. 기계학습은 그 용어 자체로 기계가 무언가를 학습한다는 의미라고 추측할 수 있습니다. 한편, 딥러닝(Deep Learning)이라는 용어도 기계학습과 더불어 뉴스나 TV에서 자주 사용되곤 합니다. 하지만 딥러닝은 그 의미를 추측하기가 쉽지 않습니다. 무엇이 딥(Deep)하다는 것일까요?

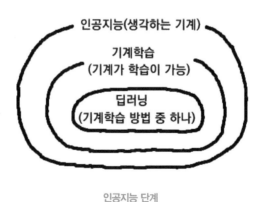

인공지능 단계

인공지능(Artificial Inteligence)은 말 그대로 인공으로 구현한 지능입니다. 인공지능 자체는 컴퓨터가 무언가를 판단하는 것을 의미할 뿐 반드시 학습을 의미하지는 않습니다. 물론 컴퓨터가 무언가를 학습하여 판단하는 능력을 갖출 수도 있지만, 다른 방식으로 지능을 구현해도 역시 인공지능이라고 할 수 있습니다.

기계학습은 인공지능을 구현하는 방법 중의 한 분야입니다. 기계학습은 인공지능 기술에 포함되는 영역 중 하나라는 것이죠. 컴퓨터가 데이터를 학습하여 어떤 패턴을 찾고, 그 패턴을 이용하여 지능적인 판단을 하는 것이 기계학습입니다.

기계학습의 방법은 여러 가지가 있습니다. 그 중 하나가 딥러닝입니다. 딥러닝 학습 방법에서는 사람 뇌 속의 신경 세포인 뉴런과 비슷한 자료 구조를 컴퓨터 내부에 구현합니다. 컴퓨터는 데이터 입력을 통하여 학습을 하면서 뉴런 역할을 하는 자료 구조의 값을 변경해 나갑니다. 이렇게 변경된 데이터를 통해 필요한 판단을 하는 것이 딥러닝입니다. 딥(deep)이라는 단어가 사용된 것은 뉴런을 흉내낸 데이터 구조의 층을 여러 겹을 사용하여 깊은(deep) 모양을 하고 있기 때문입니다.

기계학습은 인간이 정보를 알려줘야 하나?

우리가 학교에서 공부할 때는 문제를 푼 후 정답과 비교하여 정답과 오답을 비교하면서 학습하곤 합니다. 컴퓨터가 기계학습을 할 때는 인간이 컴퓨터에게 정답을 모두 알려줘야 할까요?

기계학습 단계에서 사람이 컴퓨터에게 정답을 알려주는 경우가 있습니다. 예를 들면 병의 다양한 증상에 대한 데이터를 제공하면서 어떤 증상이 나타날 때 생기는 병명을 알려주는 방식입니다. 이런 경우의 기계학습 형태를 '지도학습'이라고 합니다. 용어 그대로 기계학습을 하는 컴퓨터에게 정답을 지도한다는 의미입니다.

인공지능 학습

지도학습에 대비되는 개념인 '비지도학습'도 기계학습에 사용됩니다. 비지도학습 분야의 예로는 무언가를 군집화하는 경우가 있습니다. 예를 들어 많은 수의 이미지를 특성별로 군집화하는 경우에 사람은 어떤 형태로 군집화를 할지 혹은 몇 개의 군집으로 구성할지 알 수가 없습니다. 기계학습에 이미지의 군집화를 맡기면 컴퓨터가 알아서 여러 이미지의 특성을 추출하고 특징별로 군집화를 진행합니다. 이렇게 사람이 정답을 주지 않고 컴퓨터가 알아서 학습하는 방식이 비지도학습입니다.

자동차 시장에서는 자율주행 기술에 대한 경쟁이 치열합니다. 자율주행 기술 역시 인공지능을 통해 구현됩니다. 자율주행과 같은 인공지능 분야에서는 '강화학습'이라는 기계학습 방식이 사용됩니다. 강화학습에는 정답이나 분류의 개념이 아닌 보상의 개념이 사용됩니다. 기계학습이 대상 환경과 상호작용하며 그 결과를 보상받으며 학습이 진행됩니다. 인공지능이 게임을 하는 경우에도 어떤 정답이 존재한다기 보다는 다양한 방법을 시도하면서 더 좋은 결과에 대한 보상(피드백)을 받아가며 게임 방법을 학습할 수 있습니다. 이런 것들이 강화학습의 예입니다.

인공지능 스피커

인공지능 스피커는 뉴스, 날씨 등의 각종 정보를 알려주기도 하고, 사람의 질문에 대한 답을 해주기도 합니다. 인공지능 스피커가 처음 시장에 나타날 때는 스피커 단독으로 작동하는 형태였으나, 최근에는 가정의 TV 셋톱박스 등에 통합된 제품도 볼 수 있습니다. TV 셋톱 박스에 통합된 인공지능 스피커는 TV나 영화를 선택하는 음성 명령도 함께 수행합니다.

인공지능 스피커에는 인공지능이라는 이름이 붙어 있기는 하지만 스피커 자체가 생각을 하는 기계는 아닙니다. 스피커에서는 사람의 음성을 특별한 신호 형태로 변환한 후 그 데이터를 해당 제품 회사의 인공지능 서버로 전송합니다. 인공지능 서버에서는 적절한 응답이나 정보를 생성하여 인공지능 스피커로 전송합니다. 인공지능 스피커는 다시 그 정보를 음성으로 만들어 사용자에게 들려줍니다. 그렇기 때문에 인공지능 스피커를 사용하기 위해서는 항상 인터넷에 연결되어 있어야 합니다.

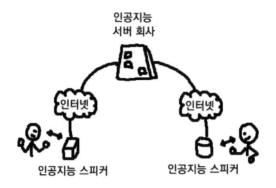

인공지능 스피커

    인공지능 스피커는 각종 정보를 제공해주고 개인 비서나 친구 역할을 할 수 있을 정도로 생각하는 능력이 발전하고 있습니다. 하지만 사람의 음성을 완벽히 인식하기는 어렵기 때문에 종종 오답을 하는 경우도 있습니다. 인공지능 스피커의 응답 또한 100% 정확할 수는 없기 때문에 인공지능 스피커가 제공해주는 정보를 적절한 선에서 검증하며 활용하는 것이 좋습니다. 예를 들어 의도하지 않은 사람에게 의도하지 않은 이메일이 자동으로 전송되는 등의 오류 행동도 발생할 수도 있습니다.

    개인정보 또한 유의해야 할 부분입니다. 인공지능 스피커에서는 최대한 개인정보를 보호하기 위한 노력을 하겠지만 오류가 발생 가능성은 염두에 두며 사용하는 것이 좋습니다. 민감한 개인정보 사용은 주의하는 것이 바람직할 것입니다.

인공지능 번역

기계 번역은 인공지능이 발전하면서 사람들이 얻을 수 있는 가장 이점이 큰 분야 중의 하나가 되었습니다. 현재는 수많은 언어로부터 다시 수많은 언어로의 번역이 순식간에 이루집니다. 모르는 언어로 만들어진 웹사이트를 방문해도 웹브라우저에서 자동으로 번역이 이루어져 한글로 웹서핑이 가능합니다. 과거에는 온라인으로 해외 쇼핑을 할 때 외국어라는 장벽이 존재했었지만, 이 장벽은 무너진 지가 이미 오래되었습니다.

사실 인공지능과 빅데이터라는 용어가 유행하기 전에도 많은 자동 번역 소프트웨어가 존재하기는 했었습니다. 그 당시의 기계 번역은 문장의 구조를 분석하여 번역하는 언어학적인 접근이 주를 이루었습니다. 이 당시의 자동 번역 성능은 사용이 불가능할 정도로 어색한 경우가 많았고, 번역된 문장도 자연스럽지 않았습니다.

인공지능 시대가 시작되며 자동번역의 방법에도 변화가 생겼습니다. 인터넷 상의 각종 언어를 빅데이터로 활용하여 인공지능 스스로 학습하는 방식으로 인공지능 번역기능이 발전하기 시작했습니다. 현재의 자동 번역 결과물은 표현도 자연스러우며 의미를 이해하기도 어렵지 않은 수준까지 발전하였습니다. 자동 번역 기능에 음성 인식을 결합하여 스마트폰에 서로 말을 하며 실시간 통역이 가능한 수준의 앱도 등장하였습니다.

자동번역

　급격하게 발전한 인공지능 시대임에도 불구하고 자동 번역의 한계
는 존재합니다. 사람의 이름, 지명 등의 고유명사 인식에는 자주 오
류가 발생하기도 하고, 문맥을 정확하게 파악하지 못하여 어감이 부
정확한 문장을 만들기도 합니다. 특히, 공식적인 문서에 사용하기 위
해서는 사람의 확인이나 수정을 요구하는 경우가 많습니다. 미래에
는 보다 정확도가 높은 자동 번역 기능이 출현하겠지만, 현재 단계
의 자동 번역은 매우 유용하고 편리한 수준으로 보는 것이 정확할
것입니다. 물론 현재의 인공지능 성능으로도 개인적인 번역, 초벌 번
역, 외국어 기반 웹서핑 등에 사용은 매우 유용합니다.

인공지능과 저작권

인공지능의 발전은 인간의 생활을 유용하게 만들어주기도 하지만 인간의 직업을 위협하기도 합니다. 인공지능의 높은 성능과 실수가 적은 특징은 많은 지식기반 산업 노동자들에게 위협적인 면도 가지고 있습니다. 그 중 하나가 인공지능의 콘텐츠 생산 능력입니다. 현재의 인공지능은 소설을 쓰거나 음악을 작곡하기도 합니다. 인공지능은 특정 화가 풍의 그림을 그리기도 하고, 기존에 존재하지 않는 이미지를 생성하기도 합니다.

소설 분야의 예를 생각해 보겠습니다. 인공지능에 주제, 분위기, 등장인물 등을 알려주면 다양한 줄거리의 소설을 생성할 수 있습니다. 생성된 소설의 내용 또한 완성도가 매우 높습니다. 이런 방식으로 소설이 대량 생산된다면 기존의 소설 작가들에게는 큰 위협이 됩니다. 그리고 이런 일은 이미 발생하고 있습니다. 외국에서는 인공지능으로 소설을 생산하여 전자책으로 출간하는 사례가 발생하여 이런 문제 해결을 위한 여러 방편도 강구되고 있습니다. 최근에는 인공지능에 의해 생성된 결과물을 출판할 때는 이에 대한 명시를 요구하는 출판사들도 생겨났습니다.

인공지능에 의해 생성된 글, 그림, 음악과 같은 결과물에는 저작권이 있을까요? 저작권이 있다면 누구의 것일까요? 결론 먼저 말하자면 아직 확정된 답은 없다고 할 수 있습니다. 인간의 제도가 기술의 발전 속도를 따라가기 어려운 상황이라고 할 수 있습니다.

'저작권'이라는 개념의 핵심은 '인간의 생각과 감정'이 포함된 콘텐츠에 대한 인간의 권리입니다. 인공지능이 생성한 결과물은 사람의 개입이 없이 기계 연산에 의해 생성된 것이므로 저작권이 없다는 의견이 존재합니다. 만약 저작권이 없다면 그 결과물은 누구나 사용할 수 있는 콘텐츠가 된다는 의미이기도 합니다. 저작권이 없더라도 생성된 콘텐츠를 사람이 직접 수정한다면 사람의 생각과 감정이 개입되었으므로 2차 저작권이 생긴다는 의견도 존재합니다.

한편, 인공지능 프로그램을 만든 개발자에 의한 결과물이므로 인공지능 개발자에게 저작권이 있다는 의견도 존재합니다. 혹은 인공지능은 보조적으로 사용하고 사람이 주로 노력하여 만든 콘텐츠라면 만든 사람에게 저작권이 생긴다는 의견도 존재합니다.

다른 관점에서는 인공지능이 생성한 콘텐츠의 위법성 문제에 대한 논의도 존재합니다. 이는 인공지능이 생성한 결과물은 다른 누군가의 작품을 학습한 결과인데, 원저작자의 허락 없이 작품을 학습해서 유사한 콘텐츠를 생성하는 것이 위법하다는 의견입니다. 따라서 이와 관련된 소송도 다수 진행중인 것으로 알려져 있습니다.

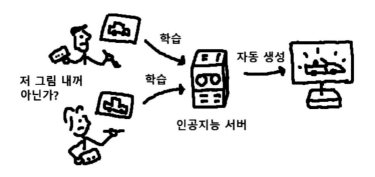

인공지능 생성 콘텐츠의 저작권

　위에서 살펴본 다양한 관점에 따른 저작권 문제는 현재 명확하지 않고 관련 법률이 적립되기에는 다소 시간이 걸릴 것으로 보입니다. 이런 부분에 대해 사용자 관점에서 염두에 두어야할 점은 인공지능을 사용하여 생성한 글, 이미지, 음악, 미술작품 등을 공적으로 사용할 때는 주의가 필요하다는 것입니다. 예를 들어 어떤 이미지를 생성하여 공적인 용도로 사용했는데 그 이미지가 현존하는 작가의 스타일을 그대로 사용하여 생성된 것이라면 미래에 저작권 문제에 연관될 가능성도 있습니다. 따라서 인공지능 콘텐츠 생성 서비스별로 저작권 공지사항을 정확히 확인하는 것이 중요합니다.

　인공지능의 발전에 따른 제도는 언젠가는 정비가 되겠지만 현재로서는 확정되지 않은 것이 너무 많아 위에서 살펴본 내용을 참고하여 사용 범위나 용도를 조절하며 사용하는 현명한 대처가 필요할 것입니다.

스마트폰과 인공지능

인공지능 스피커나 번역 앱 등은 인공지능 서비스를 제공하기 위하여 인공지능 서버와 연결된 형태로 작동합니다. 하나의 스마트폰 내에서도 다양한 앱들이 존재하기 때문에 외부 인공지능 서버로의 연결은 수시로 발생합니다. 즉, 실제 인공지능의 두뇌는 물리적으로는 인공지능 서버를 운영하는 곳에 위치하게 됩니다.

이와는 별개로 스마트폰 내에서도 각종 인공지능 기능이 자체적으로 동작하기도 합니다. 스마트폰 인공지능 기능 중 가장 흔히 만날 수 있는 것이 카메라 기능입니다. 과거에는 DSLR 카메라에서나 제공하던 고급 영상 효과를 요즘 스마트폰 내에서는 인공지능으로 해결합니다. 사람만 선명하고 배경은 흐린 효과, 밝은 곳과 어두운 곳 모두 잘 나오게 하는 기능, 사람의 얼굴을 인식하여 촬영하는 기능 등은 스마트폰 내에서 인공지능으로 처리됩니다. 사용자의 얼굴, 지문 등의 생체정보 인식도 스마트폰 인공지능의 역할 중 하나입니다.

사람의 목소리를 처리하는 기능도 스마트폰에서 실행되는 인공지능 기능 중의 하나입니다. 사람의 목소리를 특별한 신호로 변경한 후에는 외부의 인공지능 서버로 연결하여 처리하는 단계를 거치게 됩니다.

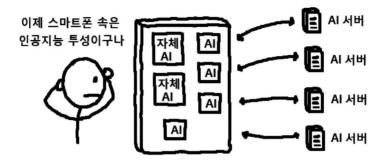

스마트폰과 인공지능

스마트폰에서 필요로 하는 인공지능의 역할이 커짐에 따라 최근의 스마트폰에는 인공지능을 빠르고 효율적으로 처리할 수 있는 엔진을 탑재한 NPU(Neural Processing Unit)라는 칩이 내장되고 있는 추세입니다. NPU는 인공지능과 관련된 작업을 빠르고 효율적이면서도 저전력으로 처리하는 것을 목표로 합니다. 향후에는 NPU의 기능이 더 발전하면서 스마트폰 자체의 인공지능은 더욱 똑똑해질 것입니다.

인공지능 학습 도구

우리는 인공지능이 급격하게 발전하고 있는 4차 산업혁명 시대에 살고 있습니다. 스마트폰, 컴퓨터, 자동차, 드론, 번역, 의료 등 거의 모든 분야에서 인공지능이 학습하고 있고, 관련 서비스를 제공합니다.

만약 컴퓨터 전공자가 아닌 일반인 입장에서 인공지능에 학습을 시키고 싶다면 어떻게 하면 될까요? 예를 들면 자신이 운영하는 사업체의 데이터 분석이나 미래 예측, 실험 데이터의 관리 등을 직접 인공지능에 학습시키고 그 결과를 이용해보고자 하는 경우가 있을 것입니다.

결론을 먼저 말하자면 현재는 구글 사에서 인공지능 학습도구를 공개해 놓았기 때문에 약간의 노력만으로 누구나 인공지능 학습을 실행해볼 수 있습니다. 과거에는 인공지능 학습을 위해서는 인공지능망을 구현하는 매우 복잡하고 큰 규모의 연구를 직접 진행했었습니다. 본래의 목적인 인공지능 학습에 소요되는 노력보다도 학습용 도구인 인공지능망을 구현하는 것이 훨씬 큰 부담이 되었던 것이죠. 하지만 현재는 구글 사에서는 인공지능망을 내장해놓은 텐서플로우(Tensor Flow)라는 도구를 무료로 세상에 공개해 놓은 상태입니다. 데이터 준비만 잘 준비한다면 누구나 인공지능 학습을 집에 있는 컴퓨터로도 할 수 있는 시대가 되었습니다.

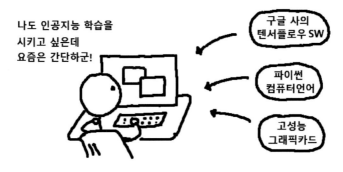

인공지능 학습도구

자신의 컴퓨터에 인공지능 학습 시스템을 구현하기 위해서는 '파이썬'이라는 컴퓨터 언어 도구를 다운로드받아 설치합니다. 그리고 구글 사의 텐서플로우를 다운로드 받아 설치하는 것으로 준비는 완료됩니다. 그리고 약간의 시간과 노력은 필요하겠지만 파이썬 언어의 기초 학습이 필요합니다. 파이썬 언어는 다른 컴퓨터 언어에 비해 상대적으로 배우기가 쉬운 언어입니다. 그리고 텐서플로우에 관련된 기초 서적을 보며 예제를 입력해보면 자신의 컴퓨터에서도 인공지능이 동작하는 것을 볼 수 있습니다. 물론, 이런 과정에서 어느 정도의 학습량과 시간은 필요 하겠지만 과거에 비하면 인공지능 구현에 대한 진입장벽은 매우 낮아졌습니다.

인공지능 학습 과정을 직접 구현할 때 알아두어야 할 중요한 정보가 하나 더 있습니다. 인공지능의 학습 과정에서는 엄청난 양의 연산(계산)을 필요로 합니다. 간단한 테스트의 경우에는 일반적인 컴퓨터로도 수 분 정도의 실행 시간으로 인공지능이 동작합니다. 하지만 데이터의 양이 많아지면 수 시간 혹은 며칠의 실행 시간을 필요로 할 수도 있습니다. 이 단계까지 이르면 성능이 높은 그래픽 카드가 필요합니다. 성능이 높은 그래픽 카드는 연산 속도가 매우 빠른 GPU라는 칩과 큰 그래픽 메모리를 가지고 있기 때문에 인공지능 학습 속도를 가속시켜줍니다.

12

ChatGPT, Bard 등

인공지능 서비스 알아보기

업무 능력을 배가시키는 인공지능 서비스

우리는 생활 주변에 인공지능과 관련된 서비스가 보편화된 시대에 살고 있습니다. ChatGPT라는 인공지능 챗봇은 화제가 된 지 오래입니다. 이번 절에서는 ChatGPT나 다른 유사 인공지능 서비스에 대하여 종류나 특징을 알아볼 것입니다. 또한 인공지능 번역 서비스도 여러 회사에서 제공하고 있는데, 번역 서비스의 형태와 특징에 대해 살펴볼 것입니다. 참고로 인공지능의 발전 속도는 급격하여 각 서비스에서 제공하는 내용, 방식, 화면 구성 등이 지속적으로 변경되고 있습니다. 본 장에서 소개하는 내용은 집필 시점을 기준으로 하고 있으므로 향후 변경되는 내용은 해당 서비스의 안내나 검색이 필요할 것입니다.

챗봇(Chatbot)이란?

과거에 인터넷이 보급되면서 인터넷 상에서 타이핑을 하며 다른 사람과 대화하는 온라인 채팅(chatting)이라는 기능이 등장했습니다. 챗(chat)이라는 영어 단어는 '이야기하다', '수다떨다'와 같은 의미를 가지고 있습니다. 과거에 다양한 채팅 서비스를 통해 사람들이 온라인으로 대화를 하던 형태가 현재는 SNS라는 이름으로 인터넷상에서 서비스되고 있습니다. 물론 과거에 비해 사용자 인터페이스도 강력해지고, 이미지나 비디오 전송과 같은 기능도 추가되었고, 음성 통화나 영상 통화가 가능해지는 등 성능은 비약적으로 발전하였습니다.

챗봇(Chatbot)이란 챗(chat)과 로봇(robot)이 결합된 용어로서 사람과 채팅을 해주는 기계 혹은 소프트웨어를 의미합니다. 챗봇은 사람과 서로 대화가 가능합니다. 챗봇은 최근에 인공지능 기술과 함께 출현한 것처럼 느껴지지만, 최초의 챗봇은 1966년에 미국의 MIT에서 개발한 '엘리자(Eliza)'로 알려져 있습니다.

엘리자는 환자에 대한 상담 심리 치료를 목적으로 만들어졌습니다. 동작 방식도 현재의 챗봇과는 다른 형태였습니다. 현재의 챗봇은 인공지능 학습 결과를 기반으로 사람과 대화를 하지만 엘리자는 정해진 대화형 규칙에 의해 응답과 질문을 자동 생성하는 형태였습니다. 그리고 그 규칙 또한 매우 복잡한 형태는 아니었습니다. 그런데 놀랍게도 환자들은 엘리자가 실제 의사 혹은 상담자라고 느끼며 위로를 받고 의지하는 현상까지 생겼었다고 합니다. 엘리자 챗봇은 현재 소스코드가 공개되어 있으며, 누구나 다운로드받아 간단히 테스트해 볼 수도 있습니다. 엘리자와의 대화는 영어로 진행됩니다.

챗봇 대화가 자연스러운데?

물론이죠. 자연어로 학습했거든요.

챗봇과 LLM

인공지능 챗봇 분야에서는 LLM이라는 용어가 자주 사용됩니다. LLM은 Large Language Model의 줄임말로서 대규모의 언어 모델을 의미합니다. 언어 모델은 자연어를 처리하는 컴퓨터 분야에서 문장의 구조와 의미를 파악하기 위하여 사용되는 기술입니다. LLM은 대량의 텍스트 데이터를 학습합니다. LLM은 사용자의 질문을 이해하고 자연스러운 답변을 생성하기 위한 기술로서 인공지능 챗봇 분야에서 효과적으로 사용되고 있습니다.

ChatGPT

ChatGPT는 학습능력을 가진 인공지능이 학습된 데이터를 기반으로 사용자와 대화를 하는 인공지능 챗봇입니다. ChatGPT는 OpenAI 사에 의해서 개발되었습니다. GPT는 Generative Pre-trained Transformer의 약자입니다. ChatGPT는 https://openai.com 웹사이트를 방문한 후 회원으로 가입하면 무료로 이용할 수 있습니다. 이 글을 쓰고 있는 현재 https://openai.com에 로그인하면 GPT-3.5 버전이 무료이며, GPT-4.0의 경우 유료로 사용할 수 있다는 안내를 볼 수 있습니다.

ChatGPT에 로그인한 후 사용자는 채팅 방식으로 대화를 할 수 있습니다. 각종 사실에 대한 질문이나 생각을 필요로 하는 질문도 정리하여 답을 해줍니다. 사용자와의 채팅 내용을 기억할 수 있기 때문에 앞의 대화에 이어 질문을 할 수도 있습니다. 답을 요구하는 단순 질문 이외에도 글을 만들어 달라는 복잡한 요청 또한 자연스러운 문맥으로 답해줍니다. 심지어 필요한 작업 내용을 알려주면 원하는 컴퓨터 언어로 코딩된 소스코드도 만들어주어 다양한 학습에 활용할 수도 있습니다. 여러 언어 간에 번역도 가능합니다.

영어 질문에 대한 ChatGPT의 답변 (출처: https://openai.com)

ChatGPT는 언어적 채팅 이외에도 다양한 학습에 이용할 수 있습니다. 예를 들어 영어 정관사 the는 언제 사용하는 것이냐는 질문을 하면 단순히 인터넷 자료의 링크를 제공하는 것이 아닌 정리된 설명을 얻을 수 있습니다.

컴퓨터 언어로 코딩학습을 할 때도 도움을 받을 수 있습니다. ChatGPT에게 구구단을 출력하는 코드를 만들어 달라고 요청하면 원하는 언어로 만들어진 코딩된 결과를 출력해줍니다. 구구단과 같은 간단한 알고리즘 이외에도 꽤 복잡한 요구사항에 대해서도 내용을 잘 이해하고 코딩 결과를 도출해주기 때문에 업무에 힌트를 얻을 수 있는 강점을 제공합니다.

You
파이썬 언어로 구구단을 출력하는 코드를 만들어줘.

ChatGPT
파이썬으로 간단한 구구단 출력 코드를 만들어보겠습니다. 사용자로부터 구구단 중 몇 단을 출력할지 입력받고, 해당 단을 출력하는 코드입니다.

```python
def print_gugudan(dan):
    print(f"{dan}단을 출력합니다:")
    for i in range(1, 10):
        result = dan * i
        print(f"{dan} x {i} = {result}")

if __name__ == "__main__":
    try:
        dan = int(input("구구단 중 몇 단을 출력하시겠습니까? "))
        print_gugudan(dan)
    except ValueError:
        print("숫자를 입력해주세요.")
```

이 코드를 실행하면 사용자에게 출력하고 싶은 구구단의 단 수를 입력하라는 메시지가 표시되고, 사용자가 입력한 단 수에 해당하는 구구단이 출력됩니다. 입력 값이 숫자가 아닌 경우에 대한 예외 처리도 추가되어 있습니다.

Message ChatGPT...

ChatGPT can make mistakes. Consider checking important information.

코딩 요청에 대한 ChatGPT의 답변 (출처: https://openai.com)

최근 ChatGPT에는 음성 입력을 받아들이고 음성으로 출력하는 기능도 추가되었습니다. 음성으로 채팅을 하며 원하는 결과를 얻을

수 있게 되었습니다. 이 기능을 응용하여 ChatGPT에게 특정 분야
나 역할을 지정하고 영어로 상호 대화를 하여 영어 원어민과 대화
를 하는 것과 같은 효과를 얻을 수도 있습니다.

Bard

    Bard는 구글 사에서 제공하는 인공지능 챗봇입니다. 챗봇의 이름
인 Bard는 특정 단어들의 약자가 아니고, 시인, 음악, 이야기꾼 등을
의미하는 영어 단어를 그대로 사용했다고 합니다. Bard는 2023년에
공개되었습니다. Bard의 이용은 무료이며 구글 계정 보유자가 사용
할 수 있습니다. Bard의 웹사이트 주소는 https://bard.google.com
입니다.

    Bard 역시 ChatGPT와 같이 채팅을 통하여 인공지능에게 질문하
고 답을 얻을 수 있습니다. 어떤 사실에 대한 질문, 생각을 요하는
질문, 프로그램 코드를 만들어달라는 요청 등 다양한 질문을 할 수
있습니다. Bard에서는 질문에 대한 답을 gmail로 수신하거나 스프
레드시트 형태로 받는 것도 가능합니다.

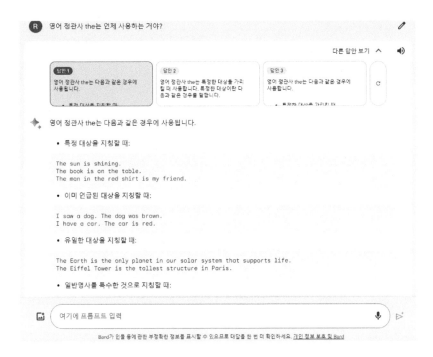

영어 질문에 대한 Bard의 답변 (출처: https://bard.google.com)

Bard에게도 영어 정관사 사용에 대한 질문을 하면 위 그림과 같이 예시와 함께 답을 얻을 수 있습니다. Bard의 특이한 기능은 그림의 상단에서 볼 수 있듯이 다른 답안 보기 메뉴를 눌러서 추가적인 답안을 선택하여 볼 수 있는 점입니다.

코딩 요청에 대한 Bard의 답변 (출처: https://bard.google.com)

위 그림은 Bard에게 파이썬 컴퓨터 언어를 사용하여 구구단을 출력하는 코드를 만들어달라고 주문을 한 결과입니다. 상단의 다른 답안 보기 메뉴를 누르면 추가적인 답변 항목이 나타나며 원하는 다른 답안을 클릭하여 결과를 볼 수 있습니다.

New Bing

    Bing(https://www.bing.com)은 마이크로소프트 사에서 운영하는 검색 사이트입니다. 일반적으로 검색 사이트에서는 검색 결과 링크만을 제공하고 별도의 콘텐츠를 생성해주지는 않습니다. 마이크로소프트는 Bing에 Cha+GPT4 인공지능 기능을 결합한 New Bing을 발표하였습니다. New Bing에서는 검색 결과에 추가하여 AI와의 채팅을 통해 AI가 정리한 결과물을 함께 제공합니다. 또한, 사용자의 요구에 따라 글, 이미지 등을 생성하는 기능도 제공합니다. 즉, New Bing에서는 검색 엔진과 AI가 결합된 형태의 서비스를 제공합니다.

영어 질문에 대한 Bing의 답변 (출처: https://www.bing.com)

위 그림은 Bing에 영어 정관사 the에 관하여 질문을 한 결과 화면입니다. 결과의 좌측에는 검색 결과를 출력해줍니다(bing과 관련없는 타 블로그 부분은 모자이크 처리함). 그 우측에는 Bing의 챗봇이 추가 답변을 출력하였으며, 그 하단의 채팅하기 버튼을 누르면 다음 그림과 같이 Bing 챗봇창으로 이동하여 채팅을 통하여 Bing에게 추가적인 질문을 할 수 있습니다. Bing 챗봇을 사용하기 위해서는 Bing에 로그인된 상태여야 합니다.

Bing의 채팅창 (출처: https://www.bing.com)

다음 그림은 Bing에게 파이썬 언어를 사용하여 구구단을 출력하는 코드를 만들어달라고 요청한 결과입니다. 인공지능 챗봇마다 출력 결과는 동일하지는 않고 각각 다른 특징을 가지는 것을 알 수 있습니다. 지금까지 살펴본 인공지능 챗봇들은 이전에 한 질문을 기억하고 있기 때문에 이전 질문에 추가하여 새로운 질문을 진행할 수도 있습니다.

코딩 요청에 대한 Bing의 답변 (출처: https://www.bing.com)

파파고 번역

네이버 파파고는 네이버 사가 제공하는 기계 번역 서비스입니다. 파파고는 인공지능(AI) 기술을 기반으로 하며, 한국어, 영어, 중국어, 일본어, 프랑스어, 독일어 등 기타 여러 언어를 상호 번역할 수 있습니다. 파파고는 텍스트, 이미지, 음성 등 다양한 콘텐츠에 대한 번역기능을 제공합니다. 파파고 번역 서비스는 https://papago.naver.com을 방문하여 이용할 수 있습니다. 스마트폰에서는 파파고 웹사이트를 방문하여 번역 서비스를 이용할 수도 있고, 파파고 앱을 설치하여 번역 서비스를 이용할 수도 있습니다.

파파고 앱을 설치할 경우 텍스트를 직접 입력하여 번역을 할 수도 있고, 음성이나 이미지 입력을 통해 번역을 할 수도 있습니다. 이미지 입력의 경우 스마트폰의 카메라로 번역하고자 하는 텍스트를 촬영하면 앱이 문자를 자동인식하여 번역해주기 때문에 편리합니다. 해외 여행 시 각종 안내 문구나 식당 메뉴판 등을 쉽게 번역할 수 있습니다.

다음 그림은 파파고 웹사이트 초기화면입니다. 본 예는 PC 화면에서 파파고를 실행한 예지만, 스마트폰에서도 웹이나 앱 설치를 통하여 파파고를 사용할 수 있습니다. 본 예와 같은 문장 번역도 가능하며, 하단의 웹사이트 번역 란에 웹사이트 주소를 입력하면 외국어로 만들어진 웹사이트를 번역하여 볼 수도 있습니다.

파파고 번역 (출처: https://papago.naver.com)

구글 번역

구글에서도 인공지능 번역 서비스를 제공합니다. 구글에서 인공지능 번역을 이용하기 위해서는 구글 검색 사이트(https://www.google.com)을 방문한 뒤 검색 창에 '구글 번역'이라고 입력하면 됩니다. 혹은 구글 번역 웹사이트 주소인 https://translate.google.com을 직접 웹브라우저 주소 창에 입력해도 됩니다.

텍스트를 입력하여 번역할 수도 있고, 음성을 입력하여 번역할 수도 있습니다. 스마트폰을 사용할 경우에도 구글 검색 웹사이트를 방문하여 이용할 수도 있고, 구글 번역 앱을 설치하여 구글 번역을 사용할 수도 있습니다. 구글 번역 앱을 이용할 경우 텍스트 입력, 음성 입력은 물론 카메라로 문자를 촬영하여 번역을 할 수도 있습니다. 카메라로 문자를 촬영하는 기능은 기능은 외국 여행 시 메뉴판이나 각종 안내문 등을 타이핑하지 않고도 카메라로 촬영하여 번역할 수 있으므로 매우 편리합니다.

구글 번역 (출처: https://translate.google.com)

위 그림은 구글 번역 웹페이지 화면입니다. 원본 언어와 번역 대상 언어를 선택하여 다양한 언어에 대한 번역을 할 수 있습니다. 이미지나 문서 파일을 사용할 수 있는 기능도 상단에서 볼 수 있습니다.

DeepL 번역

DeepL은 독일의 인공지능 회사 DeepL GmbH에서 개발한 기계 번역 서비스입니다. 다른 기계 번역 서비스와 같이 텍스트, 이미지, 음성 등을 기반으로 번역을 이용할 수 있습니다. 전문 번역가 수준의 번역을 지원한다고 알려져 있으며, 무료 및 유료 번역 서비스를 제공합니다.

DeepL 번역을 이용하기 위해서는 https://www.deepl.com 주소를 방문하여 이용하거나, 스마트폰에서는 DeepL 앱을 설치하여 이용할 수 있습니다. DeepL 스마트폰 앱에서는 텍스트 입력과 함께 음성, 이미지를 사용해서도 번역이 가능합니다.

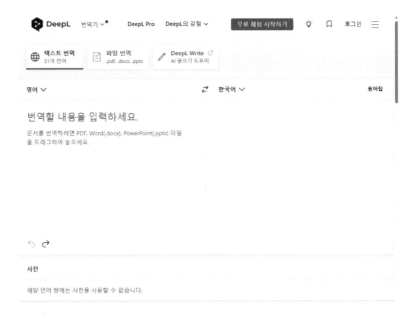

Deepl 번역 (출처: https://www.deepl.com)

위 그림은 Deepl 번역 웹사이트 화면입니다. 이 화면에서 무료로 원본 언어와 번역 대상 언어를 선택하여 번역을 해볼 수 있습니다. Deepl은 기본적으로는 유료 서비스입니다. 제품 구성 설명을 참조하면 여러 플랜별로 얻을 수 있는 이점 및 가격 정책을 확인해볼 수 있습니다.

Grammarly 영문 맞춤법 및 문법 검사

앞에서 여러 가지 인공지능 기반 기계 번역 서비스를 알아보았습니다. Grammarly는 인공지능에 기반한 글쓰기 지원 서비스입니다. 예를 들어 직접 혹은 인공지능 번역 등을 통하여 영어 문장을 작성했을 경우 맞춤법이나 문법이 정확한지 확인이 필요할 경우를 가정해보겠습니다. 이 경우 Grammarly 웹사이트를 방문하여 텍스트를 복사하여 입력하면 맞춤법과 문법을 점검해줍니다. Grammarly는 영어 문법에 대하여 특화된 기능을 제공하므로 작성한 영어 문장의 완성도를 높이기 위하여 사용할 때 유용할 것입니다.

Grammarly의 이용은 https://www.grammarly.com 웹사이트를 방문하여 이용할 수도 있고, 스마트폰에서는 Grammarly 앱을 설치하여 이용할 수도 있습니다. Grammarly 웹사이트에 방문하여 가입한 후 무료 이용이 가능합니다. 유료 버전의 경우에는 주어진 문장에 대하여 더 섬세하고 민감하게 문장을 분석하여 강화된 글쓰기 기능을 제공해줍니다. Grammarly는 영어 작성 결과물을 전문가 수준으로 검토받을 수 있는 인공지능 서비스입니다.

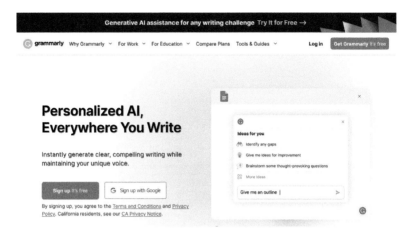

Grammarly 첫 화면 (출처: https://www.grammarly.com)

위 그림은 Grammarly 웹사이트를 방문했을 때 화면입니다. 상단의 Get Grammarly 버튼을 누르면 회원에 가입하거나 구글과 같은 여러 소셜 아이디로 로그인을 할 수 있습니다.

Grammarly 문법 검사 페이지 (출처: https://www.grammarly.com)

위 그림은 Grammarly에 로그인한 후 문법 검사 화면으로 이동한 예입니다. 로그인 후에 여러 가지 선택 사항에 대한 화면이 연속적으로 나타나는데, 중간 부분은 생략하였습니다. 위 화면에서는 의도적으로 "Hello, how are you?" 대신 "Hello, how is you?"와 같은 오답을 입력하였습니다. 그 결과로서 단어 is 아래에 붉은색 밑줄이 나타나며 그에 대한 상세 설명이 우측에 나타납니다. 여러 문단을 입력하면 에러가 발생한 각각의 위치를 표시해줍니다. 이런 문법 검사 단계는 무료로 실행할 수 있으며, 유료 버전에서는 표현이 어색하거나 사용을 피해야 하는 민감한 표현 검사 등과 같은 추가 기능을 이용할 수 있습니다. 과거에는 영어 전문가에게 의뢰해야 했던 전문가 수준의 영어 문장 검토를 인공지능을 통하여 짧은 시간에 처리할 수 있는 시대가 되었습니다.